이재명 대통령
취임사
필사하기

엮은이
배용구

이재명 대통령 취임사 필사하기

초판 인쇄 2025년 06월 26일
초판 발행 2025년 07월 15일

엮은이 배용구
책임제작 배용구
발행처 NEXEN MEDIA

출력 삼광프린팅 구연만
제작 책임 삼광프린팅 박기택
인쇄 삼광프린팅 장용범

우편번호 04559
주소 서울시 중구 마른내로 102
전화 070-7868-8799
팩스 02-886-5442

등록 제2019-000141호(2009년 한터미디어로 등록)
ISBN 979-11-93796-28-3(03040)
ⓒ 2025, 넥센미디어

※ 값은 뒤표지에 표시되어 있습니다.
※ 잘못된 책은 구입처에서 교환해 드립니다.

이재명 대통령 취임사 필사하기

"이재명 대통령이 걸어온 길"

이재명 대통령은 1963년 경북 안동시 예안면 도촌리 지통 마을에서 7남매 중 다섯째로 태어났다. 1976년 초등학교를 졸업하자마자 가족과 함께 경기 성남시 상대원동 꼭대기 월셋집으로 온 가족이 올라왔다.

열두 살 소년은 진학 대신 목걸이 공장·고무 부품 공장·냉장고 공장 등을 6년간 전전했다. 아버지는 동네 쓰레기를 치웠고 어머니는 상대원시장 화장실에서 청소했다. 자식 공부보다 번듯한 집 한 채를 마련하는 게 우선인 아버지 아래서 중·고등학교 진학은 그림의 떡이었다.

여섯 번째로 취업한 스키 장갑과 야구 글러브를 만드는 공장에서 프레스에 왼쪽 손목 관절이 눌리는 사고를 당했다. 밥벌이가 급했던 형편에 수술을 받긴 어려웠다. 이때 후유증으로 왼팔은 손목이 뒤틀린 채 굽었고 6급 장애 판정을 받았다. 팔을 쓰지 못할 것이라는 절망에 다락에 연탄불을 피우고 수면제 스무 알을 먹었지만 멀쩡하게 눈을 뜨고 일어났다. 수면제를 찾는 소년을 보고 상황을 짐작한 약사가 수면제 대신 소화제 같은 것을 잔뜩 줬던 것이다.

1981년 사립대학에 가정 형편이 어려운 학생들을 위한 특별장학생 제도가 도입되자 마음을 다잡고 대입을 준비했다. 3학년까지 등록금 전액을 면제받고 매달 생활비 20만 원을 받는 중앙대 법대에 합격했다. 공장에서 받던 월급의 3배에 달하는 금액이었다. 어머니는 "재맹아, 내는 인자 죽어도 한이 없대이"라고 했다.

1986년 겨울 스물셋에 두 번째 도전 끝에 사법시험에 최종 합격했다. 아버지는 그해 3월 위암 재발로 겨우 목숨을 부지하고 있었고 이 대통령이 합격 사실을 전한 며칠 뒤 세상을 떠났다.

사법연수원 생활은 만족스럽지 않았다. 지연과 학연, 집안을 자랑하는 연수생들이 많았고 몇몇은 연줄 없는 연수생을 노골적으로 무시했다. 운동권의 지하서클 조직인 비공개 기수 모임에서 활동했다. 당시 모임에는 문무일 전 검찰총

장과 문형배 전 헌법재판소장 권한대행, 더불어민주당 정성호 의원, 최원식 문병호 전 의원 등이 참여했다. 이들은 1988년 노태우 정부에서 지명된 정기승 대법원장 임명에 반대하는 연수원생 성명을 주도했다.

사법연수원 성적은 상위 30% 안팎으로 좋았지만, 판사나 검사 대신 변호사의 길을 택했다. 연수원 시절 노무현 변호사의 강연을 듣고 판검사가 아니어도 먹고살 수 있다는 깨달음을 얻어 인권변호사의 길을 가기로 마음먹었다. 연수원 2년 차에 인권변호사 조영래 변호사 사무실에서 변호사 실습을 했다.

1989년 성남시에서 변호사 사무실을 열었다. 성남공단의 노동 사건과 외국인 노동자의 산업재해 사건, 경원대와 한국외국어대 등 구속된 학생들의 변호는 물론 시국사건 양심수들의 사건도 무료로 맡았다. 일주일에 두 번은 이천노동상담소를 찾아 노동운동을 지원하고 노동법률 상담을 했다.

변호사로서 이름을 알린 건 '성남시민모임' 집행위원장으로서 2000년 분당 파크뷰 특혜 분양 의혹을 제기했을 때다. 그와 함께 활동했던 인사는 "김대중 정부였고 유죄 판결을 받은 김병량 당시 시장도 원래 우리가 밀던 분"이라며 "그럼에도 부당한 일에 반대하는 이 대통령을 보면서 패기 넘치는 변호사라고 생각했다."고 전했다. 이 과정에서 이 대통령은 2002년 5월 기자회견을 열고 최철호 전 KBS PD와 김병량 당시 시장의 통화 내용을 폭로했고 이른바 '검사 사칭'으로 벌금 150만 원 형을 받았다.

성남 구시가지 대형 병원들이 문을 닫으며 의료 공백이 심각해진 2004년 성남 공공의료원 설립을 목표로 시민 2만 명의 뜻을 모아 주민 발의 조례를 만든 것도 정계에 투신하는 계기가 됐다. 어렵게 만든 조례는 시의회에서 47초 만에 날치기 부결됐다. 이재명 대통령은 "방청하던 시민들과 항의하다가 특수공무집행방해죄로 수배됐다."며 "성남시의료원은 제가 정치를 결심한 이유"라고 했다.

2006년 성남시장 후보와 2008년 성남 분당갑 국회의원 후보로 도전해 고배를 마셨지만, 2010년 제19대 성남시장으로 당선됐다. 이 대통령은 "전임 시장이 진 빚 5,200억 원을 단기간에 갚을 수 없다."며 모라토리엄을 선언해 이목을 끌었다. 이후 3년 6개월간 예산 삭감, 긴축 재정 등을 통해 모든 빚을

갚아 모라토리엄을 졸업했고 다른 지방자치단체의 벤치마킹 사례가 되기도 했다. 성남시장 시절 추진한 무상 교복·공공산후조리 지원·청년 배당 등 보편적 복지 사업은 그의 브랜드가 됐다.

'변방의 장수'였고, 중앙 정치무대의 주목을 받은 건 2016년 지방자치단체 예산권을 둘러싼 박근혜 정부와의 갈등으로 11일간 단식 농성을 하면서부터다. 같은 해 10월 국정농단 사건이 터지자 제도권 정치인 중 처음으로 박 대통령 하야를 공개 주장했다. '사이다'라는 별명을 얻은 그는 2017년 대선 경선에 출마해 3위에 그쳤지만 대선 주자로서의 존재감을 보여줬다.

2018년 경기도지사에 당선됐고 경기도정을 이끄는 동안 기본소득을 비롯한 '기본 시리즈'를 내세우며 권토중래에 나섰다.

2021년 10월 대선 경선에서 승리했지만 경선 과정에서 불거진 대장동 개발 특혜 의혹 등이 검찰 수사로 이어지면서 2022년 3월 본선에서 0.73%포인트 차로 패배했다. 인천 계양을 국회의원 보궐선거에 출마해 당선됐고 같은 해 8월 전당 대회에 출마해 당권을 잡았다.

　윤석열 전 대통령이 12·3 비상계엄을 선포하자 계엄 해제를 주도했다. 비상계엄 소식을 듣고 국회로 가는 길에 유튜브 라이브 방송을 통해 "국회로 와 달라"고 목소리를 높였다. 헌법재판소의 윤 전 대통령 파면 결정으로 조기 대선이 확정되자 민주화 이후 가장 높은 경선 득표율인 89.77%의 득표로 민주당 경선에서 압승했다. 대선 유세 과정에선 "개인 이재명의 승리가 아니라 내란 종식과 민생 회복을 바라는 국민의 승리, 상식의 승리, 정의의 승리, 민주주의의 승리를 국민 여러분과 함께 반드시 이뤄내겠다."고 강조했다. 결국 이 대통령은 '내란 종식'과 '빛의 혁명 완수'를 내세우며 21대 대통령으로 국민의 선택을 받게 됐다.

　이재명 대통령의 취임사와 당선 소감문, 민주당 대통령 후보 수락 연설문을 필사해 보자. 필사를 해 보면 이재명 대통령이 보입니다.

2025년 6월 10일
엮은이 올림

차례

- 민주당 대통령 후보 수락 연설문
  (2025년 4월 27일) ········ 12
- 민주당 대통령 후보 당선 소감문
  (2025년 6월 3일) ········ 52
- 제21대 이재명 대통령 취임사
  (2025년 6월 4일) ········ 64
- 이재명 대통령 취임사 요지 ········ 94
- 이재명 대통령 제70회 현충일 추념사
  (2025년 6월 6일) ········ 104

■ 연설문을 보면 대통령의 품격이 보인다

- 제15대 김대중 대통령 취임사
  (1998년 2월 25일) ········ 117
- 제16대 노무현 대통령 취임사
  (2003년 2월 25일) ········ 135

- 미국 제35대 케네디 대통령 취임사
  (1961년 1월 20일) ········ 148
- 미국 제42대 빌 클린턴 대통령 1기 취임사
  (1993년 1월 20일) ········ 158
- 미국 제42대 빌 클린턴 대통령 2기 취임사
  (1997년 1월 20일) ········ 170
- 미국 제44대 버락 오바마 대통령 1기 취임사
  (2009년 1월 20일) ········ 179
- 미국 제44대 버락 오바마 대통령 2기 취임사
  (2009년 1월 20일) ········ 197
- 남아프리카공화국 넬슨 만델라 대통령 취임사
  (1994년 5월 10일) ········ 214

- 쉽게 씌여진 시 - 윤동주
  (1942년 6월 3일) ········ 219

민주당 대통령 후보 수락 연설문

(2025년 4월 27일)

23년 전 4월 27일 노무현 대통령이 민주당 대선 후보로 선출된 날. 이재명 전 민주당 대표가 조기 대선 더불어민주당 대통령 후보로 선출됐다. 2025년 4월 27일 경기도 고양시 킨텍스에서 열린 민주당 수도권·강원·제주 경선 및 최종 후보자 선출대회에서 전체 최종 득표율 89.77%를 얻어 대선 후보로 확정되었다. 민주당 대통령 후보 수락 연설에서 이 후보는 통합을 14번 말했다.

존경하는 국민 여러분,

사랑하는 더불어민주당 당원동지 여러분!

20년 민주당원 이재명이, 민주당의 제21대 대한민국 대통령 후보라는 막중한 임무를 부여받았습니다. 더불어민주당과 국민께서는 저 이재명에게, 압도적 정권 탈환을 통해, 내란과 퇴행의 구시대를 청산하고, 국민주권과 희망의 새로운 시대를 열어가라고 명령하셨습니다.

모든 것들이 무너지는, 불안과 절망, 고통 속에서도 한 가닥 희망을 안고 89.77%라는 역사에 없는 압도적 지지로 저를 대통령 후보로 선출해 주신 것은 민주주의와 인권, 평화와 안전, 그리고 회복과 성장, 통합과 행복을 실현하라는 간절한 소망 아니겠습니까.

2004년 3월 28일 오후 5시 성남시청 앞 주민교회 지하 기도실에서 눈물을 흘리면서 결심했습니다.

성남 시민이 그토록 바랐지만, 부정한 기득권자들

이 좌절시킨 시립 공공병원의 꿈을 성남시장이 되어서라도 반드시 이뤄보겠다고 시장 출마를, 정치를 하기로 결심했습니다, 여러분.

주권자가 맡긴 권력으로 주권자의 의지를 꺾고, 국민의 혈세로 국민을 공격하는 반정치, 반민주주의를 내 손으로 극복하고 싶었습니다.

국민의 주권 의지가 일상적으로 관철되는 정상적인 지방자치, 진정한 민주공화국을 꼭 만들고 싶었습니다.

시립병원 설립 운동 10여 년이 지나서 마침내 제가 성남시장이 돼서 시립의료원을 제 손으로 설립했습니다.

시민들과 함께 시민이 주인인 성남, 시민이 행복한 성남시를 함께 만들어냈습니다, 여러분.

짧은 시간이었지만 경기도민의 부름을 받아 경기도를 바꾸어냈습니다.

민주당원 여러분들의 소망을 따라서 당원 중심의 진짜 민주당, 유능하고 이기는 민주당을 만들지 않았

습니까?

이제 국민과 당원동지들께서 정권 탈환을 통해, 새로운 나라, 진짜 대한민국을 만들 기회를 주셨습니다.

감사드립니다.

그 간절하고 엄중한 명령을 겸허하게 받들겠습니다.

반드시 승리하고 정권을 탈환하겠습니다.

완전히 새로운 나라, 희망과 열정 넘치는 진짜 대한민국을 만들어서 보답하겠습니다.

3년 전 어느 날,

이 나라의 운명이 걸린 건곤일척의 승부에서 우리는 졌습니다.

모두 저의 부족함 때문입니다.

미세한 차이로 승리했지만, 모든 것을 차지한 저들은 교만과 사욕으로 나라를 망치고, 우리 국민을 고통 속으로 몰아넣었습니다.

그들은 심지어 민주공화정을 부정하고, 군정을 통

해 영구집권하겠다는 친위 군사 쿠데타까지 저질렀습니다.

애국가 가사처럼, 하느님이 보우하사 우리 국민의 저력으로 막아내고 있지만, 지금도 내란과 퇴행, 파괴 시도는 계속되고 있습니다.

패배 자체도 아팠지만, 패배 그 이후는 더 아팠습니다.

그 뼈아픈 패배의 책임자, 저 이재명을 여러분이 다시 일으켜 세워주셨습니다.

국민 여러분, 당원동지 여러분,

미안합니다.

죄송하고 또 죄송합니다.

얼마나 괴로우셨습니까.

그간 얼마나 간절하셨습니까.

당원과 지지자, 국민의 하나 된 마음 앞에 절박함을 넘어 비장함까지 느껴집니다.

가늠조차 어려운 무거운 책임감에 절로 고개가 숙

여집니다.

패배를 딛고 반드시 승리하라!

내란을 극복하고 민주주의를 회복하라!

민생을 회복하고 경제를 살려내라!

국민을 통합하고 세계로 나아가라!

250만 당원동지 여러분과 민주당을 지지하는 수천만 국민이 한마음, 한뜻으로 내린 지상명령.

맞습니까, 여러분?

이것이 여러분의 뜻이라면 한 번 함께 외쳐 보시겠습니까?

제가 말하면 함께해 주십시오.

내란을 극복하고 민주주의를 회복하자.

민생을 회복하고 경제를 살려내자.

국민을 통합하고 세계로 나아가자.

패배를 딛고 반드시 승리하자.

패배를 털고 반드시 승리하자!

감사합니다. 동지 여러분.

23년 전 오늘은 노무현 대통령이 민주당 대선 후보로 선출된 날입니다.

'새 시대의 맏형'이 되고자 했던 노무현 후보는 "불신과 분열의 시대를 끝내고 개혁의 시대, 통합의 시대로 가자" 당당히 선언했습니다.

2002년 4월 27일이 그랬던 것처럼,

2025년 4월 27일도 새로운 시대의 서막이 될 것입니다.

음침한 내란의 어둠을 걷어내고, 희망 세상의 새벽이 열린 날로,

군림하는 지배자, 통치자의 시대를 끝내고 진정한 주권자의 나라, 진짜 대한민국이 시작된 날로 기록될 것입니다.

후손들은 오늘을 기억하며,

어떤 고난도 기회로 만들 수 있다는 용기,

내일은 오늘보다 더 낫다는 희망을 품게 될 것입니다.

그 위대한 새출발의 역사,

개벽 같은 변화의 주인공으로 함께 하시겠습니까? 국민이 이 나라의 주인임을, 행동으로 실천으로 증명해 주시겠습니까?

어려운 일이라는 것 잘 압니다.

그러나 반드시 해야 하고,

우리는 할 수 있습니다.

맨몸으로 총칼과 장갑차를 막아낸 위대한 국민이 있기에 꺼지지 않는 오색의 찬란한 빛으로, 세계 민주주의 역사에 획을 그은 우리 위대한 국민이 있기 때문에 우리는 할 수 있습니다!

우리는 해낼 수 있습니다! 맞습니까?

바로 여기, 함께 하는 동지들이 있기 때문에, 지금의 역경을 극복하고 진짜 대한민국, 만들 수 있다. 맞습니까?

끝까지 아름다운 경쟁을 함께 펼쳐주신 김경수 후보님, 김동연 후보님, 고생 많으셨습니다.

박수 한 번 부탁드립니다.

모두 우리 당의 귀한 자산이자 든든한 동지들입니다.

우리 두 후보님께 뜨거운 격려의 박수를 부탁드립니다.

이제부터 김동연의 비전이 이재명의 비전입니다.

이제부터 김경수의 꿈이 이재명의 꿈입니다.

더욱 단단한 민주당이 되어 원팀으로 반드시 승리하겠다는 약속을 드립니다!

자랑스러운 우리 민주 당원과 지지자들은 언제나 가장 현명하고 과감한 선택으로 대한민국의 미래를 제시해 왔습니다.

IMF 위기 속 김대중 대통령을 선택해서 국난을 극복하고, IT 강국과 문화강국의 초석을 다졌습니다.

노무현 대통령을 선택해서 지역주의와 권위주의 타파의 새 길을 걸었습니다.

문재인 대통령을 선택해서 촛불혁명을 계승하고,

한반도 평화의 새 지평을 열었습니다.

늘 현명했던 그 선택의 한 축에 이재명 '네 번째 민주정부'가 뚜렷이 새겨질 수 있도록 반드시 승리하겠습니다.

지금 이 순간부터 이재명은 민주당의 후보이자 내란 종식과 위기극복, 통합과 국민 행복을 갈망하는 모든 국민의 후보입니다.

더 낮은 자세로 정치의 사명이자 대통령의 제1 과제인 국민통합의 책임을 확실하게 완수하겠습니다.

현직 대통령의 어처구니없는 친위 군사 쿠데타는 대화와 타협을 배제하고, 상대를 말살하고, 군정으로 영구집권을 하겠다는 저열한 욕망에서 비롯됐습니다.

공존과 소통의 가치를 복원하고, 대화와 타협의 문화를 되살리는 것이 내란이 파괴한 민주주의를 복원하는 지름길이다, 이렇게 믿습니다.

새로운 성장동력을 만들어, 성장의 기회와 그 결과

를 고루 나누는 것이 양극화를 완화하고 함께 잘 사는 세상으로 나아가는 원동력 아니겠습니까.

민주주의 복원이 바로 국민 통합의 길입니다.

성장 회복이 국민 통합의 길입니다.

격차 완화가 바로 국민 통합의 길입니다.

불평등과 절망, 갈등과 대결로 얼룩진 이 구시대의 문을 닫아버리고, 국민 대통합으로 희망과 사랑이 넘치는 국민행복 시대를 새롭게 활짝 열어젖히겠습니다.

새로운 세상을 위해 이재명 개인의 승리가 아니라 우리 국민 모두의 승리를 만들겠습니다.

동지 여러분,

이 새로운 희망의 길에 함께해 주시겠습니까?

존경하는 국민 여러분,

이번 대선은 대한민국이 국민통합을 통해 세계를 선도하는 나라로 우뚝 설 것인지,

파괴적인 역주행을 계속해서 세계의 변방으로 추

락할지가 결정되는 역사적 분수령입니다.

민주당과 국민의힘의 대결이 아니라, 미래와 과거의 대결입니다.

도약과 퇴행의 대결입니다.

희망과 절망의 대결이자 통합과 분열의 대결입니다.

감당하기 어려운 복합 위기가 우리 앞에 몰아치고 있습니다.

지난 3년간 국민경제는 벼랑 끝으로 내몰렸습니다.

물가는 치솟고, 실업과 폐업이 늘었습니다.

소득은 줄고, 주가는 폭락했습니다.

전국 곳곳 어딜 가나 우리 국민의 신음소리가 넘쳐납니다.

우리 사회를 지탱하던 민주주의, 우리 국민이 피땀으로 지켜낸 자유와 인권의 가치는 3년 만에 최악의 위기를 맞고 말았습니다.

평화와 안보마저 정쟁과 권력 유지 수단으로 전락

했습니다.

그리고 그 피해는 오롯이 우리 국민의 몫이 되고 말았습니다.

지친 국민의 삶을 구하고, 민주주의와 평화를 복원하는 일, 성장을 회복하고 무너진 국격을 바로 세우는 일에는 아마도 짐작조차 힘든 엄청난 땀과 눈물이 필요할 것입니다.

더 이상 과거에 얽매여서 이념과 사상, 진영에 얽매여서 분열과 갈등을 반복할 시간이 없습니다.

더 큰 퇴행과 역주행으로 30년, 50년 후의 국가 미래를 망칠 그런 여유도 없습니다.

트럼프 2기가 불러올 약육강식의 무한대결 세계질서, AI 중심의 초 과학기술 신문명 시대 앞에서 우리 안의 이념이나 감정 이런 것들은 정말 사소하고도 구차한 일 아닙니까?

어떤 사상과 이념도 시대의 변화를 막을 수는 없습

니다.

어떤 사상과 이념도 우리 국민의 삶과 국가의 운명 앞에서는 무의미한 것입니다.

지금의 대한민국을 만든 '모방의 능력'을 넘어서서 이제는 주도하는 역량을 키워야 합니다.

한 걸음만 뒤처져도 추락 위험에 빠질 추격자 신세가 되지만, 우리가 반걸음만 앞서도 무한한 기회를 누리는 선도자가 되는 것입니다.

통찰력과 결단력, 실천력으로 우리 앞의 거대한 위기를 기회로 바꿔서 반걸음 앞서 진짜 대한민국을 만들 사람 누구입니까, 여러분? 그렇게 믿어주시니 감사드립니다.

지금의 이 혼란과 절망을 넘어 대한민국 재도약을 이뤄낼 사람, 지배자나 통치자가 아니라, 위대한 국민의 훌륭한 도구가 될, 일꾼이 될 준비된 대통령 후보라고 자부합니다.

더 나은 나라를 꿈꾸는 우리 국민의 열망을 하나로 모아서 위기를 이겨내고 새로운 길로 나아갑시다.

먹사니즘의 물질적 토대 위에 잘사니즘으로 세계를 주도하는 '진짜 대한민국'으로 도약합시다.

국민 여러분,

우리는 깊은 절망만큼이나 새로운 희망을 간절하게 꿈꿉니다.

우리 국민은 어느 때보다 새로운 세상에 대한 강한 열정으로 단단하게 뭉쳐 있습니다.

지금의 이 국난을 극복하고 세계를 선도하는 나라를 만들면, 대한민국이 어떤 세상이 될지 한 번 상상해 보십시오.

전 세계의 AI 인재들이 일자리를 찾으러 몰려오는 첨단 산업 강국.

대한민국 방방곡곡이 골고루 발전하고 농촌, 산촌, 어촌으로 사람들이 되돌아오는 균형발전 국가.

최첨단 장비와 무기로 무장한 최고의 장병들이 자부심을 가지고 조국 수호에 전념하는 든든한 안보 강국.

세계인을 울고 웃기며 콘텐츠의 세계 표준을 다시 쓸 문화강국.

충돌하는 이해와 감정 갈등을 합리적으로 조정하고, 더 나은 대안을 만들어가는 세계적인 모범적 민주 국가.

아이들의 웃음, 청년의 푸름, 장년의 책임, 노년의 경험과 지혜가 어우러진 통합과 조화의 '잘사니즘' 행복 국가.

집에서, 일터에서, 학교에서, 거리에서, 해지는 석양빛의 퇴근길 골목에서도 보람의 미소가 퍼지는 품격 있는 나라.

이런 나라, 이런 나라 만들고 이런 나라에서 살고 싶지 않으십니까?

신문명 시대에 세계의 표준으로 거듭날 나라, 평범한

국민이 주인으로 살아가는 작지만, 큰 대한의 민국.

함께 만들어 보지 않으시겠습니까?

존경하는 국민 여러분,

"위기는 기회다" 늘 말씀드렸지만 제 삶을 돌이켜 보면 언제나 기회보다 위기가 많았던 삶이었습니다.

단 한 번의 순탄한 과정도, 단 한 번의 쉬운 싸움도 없었습니다.

그러나 어려울 때마다 우리 당원동지들께서, 국민께서 상처투성이로 쓰러지던 저 이재명을 일으켜 주셨습니다. 감사합니다.

오뚝이 같은 이 땅의 반만년 역사도 마찬가지입니다.

무능하고 부패한 기득권이 무너뜨리면 평범한 민초들이 다시 일으켜 세우지 않았습니까.

다가오는 6월 3일에 우리 국민은 그 위대한 대서사시의 새 장을 써내려 가게 될 것이다. 맞습니까, 여러분?

우리가 함께하면, 무질서와 분노, 상처와 절망은 사라지고 새로운 희망이 피어날 것입니다.

우리가 함께 손잡으면, 불의와 거짓, 분열은 멈추고 정의와 통합의 강물이 흘러넘칠 것입니다.

온 국민이 힘을 모아 함께 나아가면, 추락하던 이 나라는 광대한 세계로 날개 치며 솟구쳐 오를 것입니다, 여러분.

산이 높으면 계곡이 깊고 음지마다 양지가 있는 것처럼, 하나의 문이 닫히면 또 다른 문이 열리는 법입니다.

위기의 어딘가에는 기회의 문이 숨겨져 있습니다.

내란의 아픔을 이겨내고, 다시 꿈과 희망이 넘치는 진짜 대한민국으로 나아갈 준비,

여러분은 되셨습니까?

연대와 상생, 배려로 국민의 에너지를 모두 모아서 새로운 민주공화국을 열어젖힐 준비도 되셨습니까?

극한의 절망과 환란 속에서조차 빛을 찾아 희망을

만들어온 위대한 우리 국민을 저는 믿습니다.

함께 손잡고 빛의 혁명을 반드시 완수합시다, 여러분!

'대한민국'이라는 국호 그대로 이 땅 위 모든 사람이 주인으로 공평하게 살아가는 '진짜 대한민국'으로 나아갑시다.

저 이재명은 지금부터 여러분이 지어주신 희망의 새 이름입니다.

여러분이 다시 살려주신 기회의 새 이름입니다.

세계를 선도하는 '진짜 대한민국'을 만들, 국민의 유용한 도구이자 충직한 대표 일꾼의 이름입니다, 여러분!

진짜 대한민국, 오늘부터 그 역사적인 발걸음을 함께 시작합시다.

그 위대한 항로의 중심에 저 이재명이 함께 서 있겠습니다.

그래서, 그렇기 때문에 지금은 이재명입니다!

위대한 국민과 함께여서, 역사의 순간을 여러분과 함께해서 자랑스럽습니다.

민주당의 명령, 국민의 명령을 받아 반드시 승리하겠습니다.

국민의 염원, 당원의 소망을 따라

새로운 대한민국 꼭 만들겠습니다.

국민 여러분, 고맙습니다!

당원동지 여러분, 여러분을 믿습니다!

민주당 대통령 후보 당선 소감문

(2025년 6월 3일)

TV 개표 생중계가 일제히 '당선 확실' 자막을 띄운 6월 3일 오후 11시 45분쯤 이재명 더불어민주당 대선 후보 부부가 인천 계양 자택을 나와 지지자들 앞에 모습을 드러냈다. 이 후보는 "이재명"을 연호하는 시민들에게 손을 흔들며 "아직도 개표가 진행 중이라 뭐라고 말씀드리기 섣부르기는 하지만, 만약 이대로 결과가 나오게 된다면 국민의 위대한 결정에 경의를 표한다"고 말했다. 이어 "제게 주어진 큰 책임과 사명을 우리 국민 기대에 어긋나지 않도록 최선을 다해 수행하겠다"고 밝혔다. 현충원 참배하고 오전 11시 넘어 선서식을 한다. 그러고 나서 집무에 들어가게 될 것이라고 했다.

존경하는 대한민국 국민 여러분, 아직은 당선자로 확정되지 못했지만, 제21대 대한민국 대통령으로 당선될 가능성이 꽤 높은 이재명 인사드립니다.

민주공화국 대한민국 시민 여러분, 진심으로 감사드립니다. 여러분들이 제게 기대하시고 맡긴 그 사명을 한순간도 잊지 않고, 한 치의 어긋남도 없이 반드시 확실히 이행하겠습니다.

여러분들이 작년 12월 3일 그 내란의 밤부터 지금 이 순간까지 풍찬노숙하면서 간절히 바랬던 것 그중에 하나, 이 나라가 평범한 시민들의 나라라는 사실, 대통령이 행사하는 모든 권력은 모든 국민으로부터 온 것이고 그 권력은 대통령의 사적 이익을 위해서가 아니라 더 나은 국민의 삶과 이 나라의 밝은 미래만을 위해서 온전하게 쓰여야 한다는 사실을 증명하려고 했습니다.

이제 6개월이 지난 이 시점에서야 비로소 그들을 파면하고, 이 나라 주인이 바로 우리 자신이라는 것을 여러

분 스스로 투표로써 증명해 주셨습니다. 고맙습니다.

여러분이 저에게 맡기신 첫 번째 사명, 내란을 확실히 극복하고 다시는 국민이 맡긴 총칼로 국민을 겁박하는 군사 쿠데타는 없게 하는 일, 이 나라의 민주주의를 회복하고 민주공화정, 그 공동체 안에서 우리 국민이 주권자로서 존중받고 증오, 혐오가 아니라 안정하고, 협력하면서 함께 살아가는 그런 세상을 만드는 것, 반드시 그 사명에 따라서 지켜내겠습니다.

그리고 두 번째 여러분이 맡기신 경제를 살리고 민생을 회복시키는 것, 내일 당선자로 확정되는 그 순간부터 온 힘을 다해서 여러분들의 이 고통스러운 삶을 가장 빠른 시간 내에 가장 확실하게 회복시켜 드리도록 하겠습니다. 세 번째, 대한민국 국가가 국민의 생명과 안전을 책임져야 합니다. 지난 시기에는 국가가 왜 존재하는지를 우리 국민은 의심해야 했습니다. 국민의 안전과 생명을 책임질 그 책무를 생각하지도 않았고, 해야

될 기본적인 의무조차도 이행하지 않았습니다. 대규모 참사가 수없이 많은 사람을 떠나게 했습니다. 국민의 생명과 안전을 지키는 국가의 제1의 책임을 완벽하게 이행하는 안전한 나라를 꼭 만들도록 하겠습니다.

그리고 네 번째로 평화롭고 공존하는 안정된 한반도를 만들겠습니다. 확고한 국방력으로 대북 억제력을 확실하게 행사하되 싸워서 이기는 것보다는 사우지 않고 이기는 것이 상책이고, 싸우지 않고 이기는 것보다는 싸울 필요가 없는 평화를 만드는 것이 진정한 안보라는 확신을 가지고 남북 간에 대화하고 소통하고 공존하면서 서로 협력해서 공존·공동 번영하는 길을 찾아가겠습니다. 한반도 정세를 최대한 신속하게 안정화해서 코리아 리스크를 최소화하고, 한반도의 안보 때문에 우리 국민의 민생이 더 나빠지지 않도록 최선을 다하겠습니다.

마지막으로 우리 대한민국 국민은 대한민국 이 공

동체 안에서 서로 존중하고 함께 살아가야 하는 동료들입니다. 남녀로, 지역으로, 노소로, 장애인·비장애인, 정규직·비정규직, 기업가와 노동자, 이렇게 틈만 생기면 편을 갈라서 서로 증오하고, 혐오하고, 대결하지 않겠습니다. 혐오와 대결을 넘어서서 존중하고, 공존하고 협력하면서 함께 아우러져 행복하게 살아가는 진정한 공동체, 우리가 꿈꾸었던 완벽한 대동 세상은 못될지라도, 이웃이 경계해야 될 적으로 느껴지지 않는, 필요할 때 의지할 수 있는 진짜 이웃으로 함께 살아가는 그런 공동체를 꼭 만들겠습니다.

정치가 먼저 앞서고, 정치가 이해관계 때문에 다투더라도, 정치가 편을 가를지라도, 국민은 편을 가를 필요가 없습니다. 국민은 이 나라의 주인이고, 정치는 국민의 삶을 대신 책임지는 일꾼들입니다. 일꾼들이 편을 갈라 싸우는 건 피할 수 없더라도, 우리 대한민국 국민이 부스을 갈라 증오하고 혐오할 필요는 없지 않습

니까.

통합된 나라, 대통령의 책임은 국민을 통합시키는 것입니다. 큰 통치자가 아니라 국민을 크게 통합시키는 대통령의 그 책임을 결코 잊지 않겠습니다. 어우러져 함께 살아가는, 공평하게 기회를 함께 누리는 '어강부약의 대동세상를'을 으리 함께 만들어 가면 좋겠습니다.

우리가 겪는 이 잠시의 어려움은 위대한 영향을 가진 국민이 힘을 합쳐 얼마든지 이겨낼 수 있습니다. 희망을 가지고 이웃과 손잡고 함께 가시겠습니까? 이제는 해야되겠지요? 감사합니다, 여러분.

희망을 가지고, 지금부터는 새로운 출발을 합시다. 잠시 다투었을지라도 우리를 지지하지 않는 그분들도 대한민국 국민입니다. 입장이 다르고, 색깔이 다르고, 다른 색깔의 옷을 잠시 입었을지라도, 이제 우리는 모두 위대한 대한민국의 위대한 똑같은 대한민국 국민입니다.

함께 갑시다. 감사합니다.

제21대 이재명 대통령 취임사

(2025년 6월 4일)

제21대 대한민국 대통령으로 취임한 이재명 대통령이 2025년 6월 4일 오전 국회 로텐더홀에서 취임사를 하고 있다. "분열의 시대 끝내고 공정 성장으로"… 이재명 대통령 취임식서 5가지 국정 과제를 제시하였다. 이번 취임 선서는 이재명 대통령은 대선 유세 기간 내내 강조했던 '화합'의 메시지를 빨강, 하양, 파란색이 어우러진 넥타이 색으로 표현했다. 이재명 대통령 내외가 로텐더홀에 입장하자 여야 의원을 비롯한 내빈들은 일제히 박수로 환영했다. 이재명 대통령은 취임 선서를 마친 뒤 "야당 대표들을 못 봐서 악수를 못 했는데 오해하지 말아달라"라며 분위기를 풀었다.

존경하고 사랑하는 국민 여러분,

여러분이 선택해 주신 대한민국 제21대 대통령 이재명 인사드립니다.

한없이 무거운 책임감과 한없이 뜨거운 감사함으로 이 자리에 섰습니다.

5,200만 국민이 보내주신 5,200만 가지 열망과 소망을 품고 오늘부터 저는 대한민국 21대 대통령으로서 진정한 민주공화국 대한민국을 향한 첫발을 내딛습니다.

미래가 우리를 향해 손짓하고 있습니다.

벼랑 끝에 몰린 민생을 되살리고, 성장을 회복해 모두가 행복한 내일을 만들어갈 시간입니다.

정쟁 수단으로 전락한 안보와 평화, 무관심과 무능 무책임으로 무너진 민생과 경제, 장갑차와 자동소총에 파괴된 민주주의를 다시 일으켜 세울 시간입니다.

우리를 갈라놓은 혐오와 대결 위에 공존과 화해, 연대의 다리를 놓고, 꿈과 희망이 넘치는 국민 행복 시대를 활짝 열어젖힐 시간입니다.

한강 작가가 말한 대로, 과거가 현재를 돕고, 죽은 자가 산자를 구했습니다.

이제는 우리가, 미래의 과거가 되어 내일의 후손들을 구할 차례입니다.

국민 앞에 약속드립니다.

깊고 큰 상처 위에 희망을 꽃피우라는 준엄한 명령과, 완전히 새로운 나라를 만들라는 그 간절한 염원에 응답하겠습니다.

이번 대선에서 누구를 지지했든 크게 통합하라는 대통령의 또 다른 의미에 따라, 모든 국민을 아우르고 섬기는 '모두의 대통령'이 되겠습니다.

대한민국은 오늘도 새로운 역사를 쓰고 있습니다.

식민지에서 해방된 나라 가운데 유일하게 산업화와 민주화에 성공한 나라, 세계 10위 경제력에 세계 5위의 막강한 군사력을 자랑하며, K-컬처로 세계 문화를 선도하는 나라. 이 자랑스러운 동방의 한 나라가 이제는, 맨손의 응원봉으로 최고 권력자의 군사 쿠데타를

진압하는 민주주의 세계사의 새 장을 열고 있습니다.

대한민국의 이 위대한 여정을 대한국민의 이 위대한 역량을 전 세계인이 경이로움으로 지켜보고 있습니다.

오색 빛 혁명, K-민주주의는 위기에 처한 민주주의의 새 활로를 찾는 세계인들에게 뚜렷한 모범이 되었습니다.

사랑하는 국민 여러분,

우리는 지금 대전환의 분기점에 서 있습니다.

낡은 질서가 퇴조하고 새 질서, 문명사적 대전환이 진행 중입니다.

지금까지 겪어보지 못한 초과학기술 신문명시대, 눈 깜빡할 새 페이지가 넘어가는 인공지능 무한경쟁 시대가 열렸습니다.

기후 위기가 인류를 위협하고, 산업 대전환을 압박합니다.

보호주의 확대와 공급망 재편 등 급격한 국제질서 변화는 우리의 생존을 위협합니다.

변화에 뒤처져 끌려갈 것이 아니라 변화를 주도하며 앞서가면 무한한 기회를 누릴 수 있습니다.

그러나 안타깝게도, 이 중차대한 시기에 우리는 민생, 경제, 외교, 안보, 민주주의 모든 영역에서 엉킨 실타래처럼 겹겹이 쌓인 복합 위기에 직면했습니다.

대한민국의 현재와 미래가 동시에 위협받고 있습니다.

지친 국민의 삶을 구하고 민주주의와 평화를 복구하는 일, 성장을 회복하고 무너진 국격을 바로 세우는 일에는 짐작조차 힘들 땀과 눈물, 인내가 필요할 것입니다.

그러나 그늘진 담장 밑에서도 기필코 해를 찾아 피어나는 6월의 장미처럼, 우리 국민은 혼돈과 절망 속에서도 나아갈 방향을 찾았습니다.

주권자 국민의 뜻을 침로로 삼아 험산을 넘고 가시덤불을 헤치고서라도 전진하겠습니다.

민생 회복과 경제 살리기부터 시작하겠습니다.

불황과 일전을 치르는 각오로 비상 경제 대응 TF를 바로 가동하겠습니다.

국가 재정을 마중물로 삼아 경제의 선순환을 되살리겠습니다.

이제 출범하는 민주당 정권 이재명 정부는 정의로운 통합정부, 유연한 실용정부가 될 것입니다.

통합은 유능의 지표이며, 분열은 무능의 결과입니다.

국민 삶을 바꿀 실력도 의지도 없는 정치세력만이 권력 유지를 위해 국민을 편 가르고 혐오를 심습니다.

분열의 정치를 끝낸 대통령이 되겠습니다.

국민통합을 동력으로 삼아 위기를 극복하겠습니다.

민생, 경제, 안보, 평화, 민주주의 등 내란으로 무너지고 잃어버린 것들을 회복하고, 지속적으로 성장 발전하는 사회를 만들겠습니다.

국민이 맡긴 총칼로 국민주권을 빼앗는 내란은 이제 다시는 재발해선 안 됩니다.

철저한 진상규명으로 합당한 책임을 묻고, 재발 방

지책을 확고히 마련하겠습니다.

공존과 통합의 가치 위에 소통과 대화를 복원하고, 양보하고 타협하는 정치를 되살리겠습니다.

낡은 이념은 이제 역사의 박물관으로 보냅시다.

이제부터 진보의 문제란 없습니다.

이제부터 보수의 문제도 없습니다.

오직 국민의 문제, 대한민국의 문제만 있을 뿐입니다.

박정희 정책도, 김대중 정책도, 필요하고 유용하면 구별 없이 쓰겠습니다.

이재명 정부는 실용적 시장주의 정부가 될 것입니다.

통제하고 관리하는 정부가 아니라 지원하고 격려하는 정부가 되겠습니다.

창의적이고 능동적인 기업 활동을 보장하기 위해 규제는 네거티브 중심으로 변경하겠습니다.

기업인들이 자유롭게 창업하고 성장하며, 세계시장에서 경쟁할 수 있도록 든든하게 뒷받침하겠습니다.

국민의 생명과 안전, 노동자의 정당한 권리를 위협

하고, 부당하게 약자를 억압하며, 주가조작 같은 불공정거래로 시장 질서를 위협하는 등, 규칙을 어겨 이익을 얻고 규칙을 지켜 피해를 입는 것은 결코 허용하지 않겠습니다.

모든 국민의 기본적 삶의 조건이 보장되는 나라, 두터운 사회 안전 매트로 위험한 도전이 가능한 나라여야 혁신도 새로운 성장도 가능합니다.

개인도, 국가도 성장해야 나눌 수 있습니다.

국익 중심의 실용 외교를 통해 글로벌 경제·안보환경 대전환의 위기를 국익 극대화의 기회로 만들겠습니다.

굳건한 한미동맹을 토대로 한미일 협력을 다지고, 주변국 관계도 국익과 실용의 관점에서 접근하겠습니다.

외교의 지평을 넓히고, 국제적 위상을 높여 대한민국 경제영토를 확장해 나가겠습니다.

존경하는 국민 여러분,

위대한 빛의 혁명은 내란 종식을 넘어 빛나는 새 나라를 세우라고 명령합니다.

희망의 새 나라를 위한 국민의 명령을 준엄히 받들겠습니다.

첫째, 명실상부한 '국민이 주인인 나라'를 만들겠습니다.

대한민국은 민주공화국이고, 주권은 대한국민에게 있습니다.

언제 어디서나 국민과 소통하며, 국민의 주권의지가 일상적으로 국정에 반영되는 진정한 민주공화국을 만들겠습니다.

빛의 광장에 모인 사회 대개혁 과제들을 흔들림 없이 추진하겠습니다.

둘째, 다시 힘차게 성장 발전하는 나라를 만들겠습니다.

기회와 자원의 불평등이 심화되고, 격차와 양극화가 성장을 가로막는 악순환이 지속되고 있습니다.

저성장으로 기회가 줄어드니, 함께 사는 경쟁 대신 네가 죽어야 내가 사는 전쟁만 남았습니다.

극한 경쟁에 내몰린 청년들이 남녀를 갈라 싸우는 지경이 되었습니다.

경쟁 탈락이 곧 죽음인 불평등 사회가 갈라치기 정치를 만나 사회 존속을 위협하는 극단주의를 낳았습니다.

새로운 성장동력을 만들고, 성장의 기회와 결과를 함께 나누는 공정 성장이 더 나은 세상의 문을 열 것입니다.

가난해도 논밭 팔아가며 자식들 공부시킨 부모 세대의 노력이 지금의 대한민국을 만든 것처럼, 정부가 나서 다가올 미래를 준비하고 지원하며 투자하겠습니다.

AI, 반도체 등 첨단 기술 산업에 대한 대대적 투자와 지원으로 미래를 주도하는 산업 강국으로 도약하겠습니다.

기후 위기 대응이라는 세계적 흐름에 따라 재생에너지 중심 사회로 조속히 전환하겠습니다.

에너지 수입 대체, RE100 대비 등 기업 경쟁력 강화에 더하여, 촘촘한 에너지고속도로 건설로 전국 어디

서나 재생에너지를 생산할 수 있게 해 소멸위기 지방을 살리겠습니다.

셋째, 모두 함께 잘 사는 나라를 만들겠습니다.

자원이 부족했던 대한민국은 특정한 지역, 기업, 계층에 몰아 투자하는 불균형발전 전략으로 세계 10위 경제대국으로 압축 성장했습니다.

그러나 이제는 불균형 성장 전략이 한계를 드러내고, 불평등에 따른 양극화가 성장을 가로막게 되었습니다.

이제 지속적 성장을 위해서는 성장 발전 전략을 대전환해야 합니다.

균형발전, 공정 성장 전략, 공정사회로 나아가야 합니다.

수도권 집중을 벗어나 국토 균형발전을 지향하고, 대·중·소·벤처기업과 스타트업이 유기적으로 협력하는 산업생태계를 만들고, 특권적 지위와 특혜가 사라진 공정사회로 전환해야 합니다.

성장의 기회와 과실을 고루 나누는 것이 지속성장의 길입니다.

성장과 분배는 모순관계가 아닌 보완관계인 것처럼, 기업 발전과 노동 존중은 얼마든지 양립할 수 있습니다.

넷째, 문화가 꽃피는 나라를 만들겠습니다.

"오직 한없이 가지고 싶은 것은 높은 문화의 힘이다."

백범 김구 선생의 꿈이 이제 현실이 되어 가고 있습니다.

K-팝부터 K-드라마, K-무비, K-뷰티에 K-푸드까지, 한국문화가 세계를 사로잡고 있습니다.

문화가 곧 경제이고, 문화가 국제 경쟁력입니다.

한국문화의 국제적 열풍을 문화산업 발전과 좋은 일자리로 연결시켜야 합니다.

대한민국의 문화산업을 더 크게 키우겠습니다.

적극적인 문화 예술 지원으로 콘텐츠의 세계 표준을 다시 쓸 문화강국, 글로벌 소프트파워 5대 강국으로

도약하겠습니다.

다섯째, 안전하고 평화로운 나라를 만들겠습니다.

안전과 평화는 국민 행복의 대전제입니다.

안전이 밥이고, 평화가 경제입니다.

세월호, 이태원 참사, 오송지하차도 참사 등 사회적 참사의 진상을 명확히 규명하고, 국민의 생명과 재산이 위협받지 않는 안전 사회를 건설하겠습니다.

분단과 전쟁의 상처를 치유하고 평화 번영의 미래를 설계하겠습니다.

아무리 비싼 평화도 전쟁보다 낫습니다.

싸워서 이기는 것보다, 싸우지 않고 이기는 것이 낫고, 싸울 필요 없는 평화가 가장 확실한 안보입니다.

북한 GDP의 2배에 달하는 국방비와 세계 5위 군사력에, 한미군사동맹에 기반한 강력한 억지력으로 북핵과 군사도발에 대비하되, 북한과의 소통 창구를 열고 대화 협력을 통해 한반도 평화를 구축하겠습니다.

불법 계엄으로 실추된 군의 명예와 국민 신뢰를 회

복하고, 다시는 군이 정치에 동원되지 않도록 하겠습니다.

사랑하고 존경하는 국민 여러분,

생사를 넘나드는 숱한 고비에도 오직 국민에 대한 믿음을 부여잡고 국민께서 이끌어주신 길을 따라 여기까지 왔습니다.

이제 국민께서 부여한 사명을 따라 희망을 찾아가겠습니다.

우리 국민은 하나일 때 강했고, 국민이 단합하면 어떤 역경이든 이겨냈습니다.

일제의 폭압에 3.1운동으로 맞서며 대한민국 임시정부를 수립했고, 분단의 아픔과 전쟁의 폐허 위에서 세계가 놀랄 산업화를 이뤄냈습니다.

엄혹한 독재에 맞서 민주주의를 쟁취했고, 세계사에 없는 두 번의 아름다운 무혈혁명으로 국민주권을 되찾았습니다.

우리 국민의 이 위대한 역량이라면, 극복하지 못할

위기는 없습니다.

높은 문화의 힘으로 세계를 선도하는 나라, 앞선 기술력으로 변화를 주도하는 나라, 모범적 민주주의로 세계의 귀감이 되는 대한민국. 우리 대한민국이 하면 세계의 표준이 될 것입니다.

존경하는 국민 여러분.

회복도 성장도 결국은 이 땅의 주인인 국민의 행복을 위한 것입니다.

모든 국가 역량이 국민을 위해 온전히 쓰여지는 진정한 민주공화국을 만듭시다.

작은 차이를 넘어 서로를 인정하고 존중하며, 국민이 주인인 나라, 국민이 행복한 나라, 진짜 대한민국을 향해 함께 나아갑시다.

국가권력을 동원한 내란에 저항하고, 아름다운 빛으로 희망 세상을 열어가는 국민 여러분이 이 역사적 대장정의 주역입니다.

대한민국 주권자의 충직한 일꾼으로서, 5,200만 국

민의 삶과 국가의 미래를 위탁받은 대리인으로서 21대 대한민국 대통령에게 주어진 책임을 충실히 이행하겠습니다,

    고맙습니다.

이재명 대통령 취임사 요지

"모두의 대통령, 실용적 시장주의 정부 되겠다"

이재명 대통령이 2025년 6월 4일 제21대 대통령에 취임했다. 이 대통령은 이날 오전 국회에서 취임 선서를 한 뒤 "이번 대선에서 누구를 지지했든, 모든 국민을 아우르고 섬기는 모두의 대통령이 되겠다."고 말했다.

이 대통령은 '국민께 드리는 말씀'이라는 제목의 취임사에서 통합과 성장, 실용을 강조했다. 이 대통령은 "이제 출범하는 민주당 정권 이재명 정부는 정의로운 통합 정부, 유연한 실용 정부가 될 것"이라고 했다. 그는 "박정희 정책도, 김대중 정책도 필요하고 유용하면 구별 없이 쓰겠다"며 "이재명 정부는 실용적 시장주의 정부가 될 것"이라고 했다.

취임사에서 향후 국정 운영 방향과 관련해 '통합'과 '유능'을 강조했다. 그는 "통합은 유능의 지표이며, 분열은 무능의 결과"라고 했다. 또 "민생을 바꿀 의지가 없는 정치 세력이 편 가르기에 매달린다."면서 민생 역량과 통합은 연결된 문제라고 했다. 정치·경제·외교·안보 등 각 분야 현안과 관련해서 '유연한 정치' '실용적 시장주의 정부' '국익 중심 실용 외교'를 내걸었다. 취임사에서 가장 많이 언급한 단어는 '국민'(42회)이었다. 주로 통합을 강조하는 과정에서 썼다. 그다음으로는 경제·민생 회복을 강조하며 '성장'(22회)을 자주 언급했다.

💬 실력 없는 정치가 국민 편 갈라, 진보·보수 따로 없다

이 대통령은 취임사에서 "국민 삶을 바꿀 실력도 의지도 없는 정치 세력만이 권력 유지를 위해 국민을 편 가르고 혐오를 심는다."며 "이제 출범하는 민주당 정권 이재명 정부는 정의로운 통합 정부, 유연한 실용 정부가 될 것"이라고 했다. 이어 "민생·경제·안보·평화·민주주의 등 내란으로 무너지고 잃어버린 것들을 회복하고, 지속적으로 성장 발전하는 사회를 만들겠다"며 "공존과 통합의 가치 위에 소통과 대화를 복원하고, 양보하고 타협하는 정치를 되살리겠다"고 했다.

이런 언급은 민생을 개선하고 국론을 통합하는 데 국정 역량을 집중하면 분열과 갈등으로 힘을 뺄 필요가 없다는 뜻으로 해석된다. 반대로 전임 윤석열 정부는 민생에 대한 관심이 적었기 때문에 야당과 타협하기보다 갈등을 증폭시키는 쪽으로 국정을 운영했다는 비판으로도 해석된다. 이 대통령은 "분열의 정치를 끝낸 대통령이 되겠다."며 "국민 통합을 동력으로 삼아 이 위기를 극복해 내겠다."고 했다.

이 대통령은 "크게 통합하라는 대통령大統領의 또 다른 의미에 따라, 모든 국민을 아우르고 섬기는 '모두의 대통령'이 되겠다"고 했다. 그는 취임사에서 '통합'을 5번 언급했다. 42회 언급한 '국민'도 주로 통합을 강조하는 맥락에서 언급됐다. 이 대통령은 "작은 차이를 넘어 서로를 인정하고 존중하며 국민이 주인인 나라, 국민이 행복한 나라, 진짜 대한민국을 향해 함께 나아가자"고 했다.

진보·보수로 나뉘는 이분법도 지양하자고 했다. "낡은 이념은 이제 역사의 박물관으로 보내자"며 "이제부터 진보의 문제란 없다. 이제부터 보수의 문제도 없다. 오직 국민의 문제, 대한민국의 문제만 있을 뿐"이라고 했다. 그러면서

"박정희 정책도, 김대중 정책도, 필요하고 유용하면 구별 없이 쓰겠다"고 했다.

우리를 갈라놓은 혐오와 대결 위에 공존과 화해, 연대의 다리를 놓고, 꿈과 희망이 넘치는 국민행복 시대를 활짝 열어젖힐 시간이라며 "깊고 큰 상처 위에 희망을 꽃피우라는 준엄한 명령, 완전히 새로운 나라를 만들라는 그 간절한 염원에 응답하겠다"고 했다. "그늘진 담장 밑에서도 기필코 해를 찾아 피어나는 6월의 장미처럼, 우리 국민은 혼돈과 절망 속에서도 나아갈 방향을 찾았다"며 "주권자 국민의 뜻을 침로 삼아 험한 산을 넘고 가시덤불을 헤치고서라도 반드시 전진하겠다"고 했다.

💬 AI 대대적 투자, 국가 재정 마중물 삼아 경제 살릴 것

취임사의 상당 부분을 경제에 할애했다. 성장(22회), 경제(12회), 위기(8회), 미래(7회), 민생(5회) 순으로 거론하면서 무너진 경제 회복이 시급하다는 메시지를 강조했다. "민생 회복과 경제 살리기부터 시작하겠다"며 "불황과 일전을 치르는 각오로 비상 경제 대응 TF를 바로 가동하겠다"고 했다. "국가 재정을 마중물로 삼아 경제의 선순환을 되살리겠다."고도 했다. 후보 시절 당선되면 약 35조 원 규모의 추경이 필요하다고 했었다.

이재명 정부는 실용적 시장주의 정부가 될 것이라며 통제하고 관리하는 정부가 아니라 지원하고 격려하는 정부가 되겠다고 했다. 구체적인 방향으로 "창의적이고 능동적인 기업 활동을 보장하기 위해 규제는 네거티브 중심으로 변경하겠다"고 했다. 과거 민주당 정부가 꺼려 했던 '시장주의' '네거티브 규제' 등을 강조한 것이다.

이 대통령은 "개인도, 국가도 성장해야 나눌 수 있다"며 성장을 강조했다. 성장의 문제를 사회 통합과 관련지으며 "저성장으로 기회가 줄어드니, 함께 사는 경쟁 대신 네가 죽어야 내가 사는 전쟁만 남았다. 극한 경쟁에 내몰린 청년들이 남녀를 갈라 싸우는 처참한 지경에 이르렀다."며 "새로운 성장 동력을 만들고, 성장의 기회와 결과를 함께 나누는 공정 성장이야말로 더 나은 세상의 문을 열게 할 것"이라고 했다. 이 대통령은 "성장과 분배는 모순 관계가 아닌 보완 관계"라고도 했다.

정부가 미래를 준비하고 지원하며 투자하겠다며 인공지능(AI)과 반도체 등 첨단 기술 산업에 대대적인 투자와 지원도 약속했다. 또한 "우리는 가난해도 논밭 팔아가며 자식들 공부시킨 부모 세대의 노력이 있었고, 그 노력이 지금의 대한민국을 이끌었다."면서 "정부가 나서 다가올 미래를 준비하고 지원하며 투자하겠다"고 한 것이다. 정부 지원을 고리로 "미래를 주도하는 산업 강국으로 도약하겠다"고 했다.

다만 불공정한 시장 질서를 바로잡기 위해서는 엄정한 잣대를 들이대겠다고 했다. 이 대통령은 "국민의 생명과 안전, 노동자의 정당한 권리를 위협하고, 부당하게 약자를 억압하며, 주가조작 같은 불공정 거래로 시장 질서를 위협하는 등, 규칙을 어겨 이익을 얻고 규칙을 지켜 피해를 입는 것은 결코 허용하지 않겠다"고 했다.

한미동맹 기반한 강력한 억지력으로 北 도발 대비

안보와 관련해서는 "싸워서 이기는 것보다, 싸우지 않고 이기는 것이 낫고, 싸울 필요 없는 평화가 가장 확실한 안보"라며 "북한 GDP(국내총생산)의 2배에 달하는 국방비와 세계 5위 군사력에, 한미 군사 동맹에 기반한 강력한 억지력으로 북핵과 군사도발에 대비하되, 북한과의 소통 창구를 열고 대화·협력을 통해 한반도 평화를 구축하겠다."고 했다. 북한 도발에 대비하되 소통 창구 복원에도 나서겠다는 뜻이다. 이 대통령은 "안전이 밥이고, 평화가 경제"라고도 했다.

외교 기조와 관련해서는 "국익 중심의 실용 외교를 통해 글로벌 경제·안보 환경 대전환의 위기를 국익 극대화의 기회로 만들겠다"고 밝혔다. 이 대통령은 "굳건한 한미 동맹을 토대로 한·미·일 협력을 다지고 주변국 관계도 국익과 실용의 관점에서 접근하겠다"며 "외교의 지평을 넓히고 국제적 위상을 높여 대한민국 경제 영토를 확장해 나가겠다"고 했다.

이 대통령은 "세계가 주목하는 K컬처와 경제 역량을 기반으로 선도 국가로서의 위상을 공고히 하겠다."고 했다. 외교 안보 정책은 기존의 군사 중심 억지력에 기반하되 경제·문화·기술 외교를 결합한 접근으로 전환하겠다는 구상이다. 취임사에서 '세계'라는 단어를 17회 언급했다. 이 대통령은 군과 관련해서는 "불법 계엄으로 실추된 군의 명예와 국민의 군에 대한 신뢰를 회복하고, 군이 정치에 동원되는 불행을 다시는 겪지 않게 하겠다"고 했다.

취임사에서 새 정부의 국정 목표로 다섯 가지를 제시했다. 국민이 주인인 나라, 다시 힘차게 성장 발전하는 나라, 모두 함께 잘사는 나라, 문화가 꽃피는 나라, 안전하고 평화로운 나라 등이다. 국민주권에 대해서는 '빛의 광장' 의미를 강조했다. 그리고 "사회 대개혁과 과제를 흔들림 없이 추진하겠다."고 했다.

취임사를 끝맺으며 "이제 국민께서 부여한 사명을 따라 희망을 찾아가겠다."며 "우리 국민은 하나일 때 강했고, 국민이 단합하면 어떤 역경이든 이겨내 왔다"고 했다. 이어 "회복도 성장도 결국은 이 땅의 주인인 국민의 행복을 위한 것이다. 모든 국가 역량이 국민을 위해 온전히 쓰여지는 진정한 민주공화국을 만들자"며 "대한민국 주권자의 충직한 일꾼으로서, 5,200만 국민의 삶과 국가의 미래를 위탁받은 대리인으로서 제21대 대한민국 대통령에게 주어진 책임을 충실하게 이행하겠다."고 했다.

이재명 대통령 제70회 현충일 추념사

(2025년 6월 6일)

이재명 대통령이 2025년 6월 6일 서울 동작구 국립서울현충원에서 열린 70회 현충일 추념식에서 추념사를 하고 있다.

존경하는 국민 여러분, 국가유공자와 유가족 여러분!

일흔 번째 현충일을 맞아 거룩한 희생으로 대한민국을 지켜내신 순국선열과 호국영령들의 명복을 빌며 머리 숙여 경의를 표합니다.

지금의 대한민국이 있기까지 국민과 나라를 위해 헌신하신 모든 국가유공자들에게 존경과 감사의 마음을, 소중한 가족을 잃으신 유가족분들께는 깊은 위로의 말씀을 드립니다.

특별히 오늘 이 자리에는 해군 해상 초계기 순직자이신 박진우 중령과 이태훈 소령, 윤동규 상사와 강신원 상사의 유가족 분들과 화마에 맞서 국민의 생명을 지키다 순직하신 임성철 소방장의 유가족 분들이 함께 하고 계십니다.

이 자리를 빌려 깊은 애도와 위로를 표합니다. 우리 국민께서는 고인들의 헌신을 뚜렷이 기억할 것입니다.

존경하는 국민 여러분!

우리가 해마다 이 현충일을 기리는 이유는 기억하고, 기록하고, 책임을 다하기 위해서입니다.

우리 국민과 국가가 위험에 처했을 때, 기꺼이 자신을 바치고 희생하시는 분들이 계십니다.

빼앗긴 국권을 되찾기 위해 목숨을 바친 독립운동가들이 있었고, 조국을 구하기 위해 전장으로 나선 군장병들과 젊은이들이 있었습니다.

독재의 억압에 굴하지 않고 민주주의를 위해 싸운 수많은 분이 있었습니다.

그 고귀한 헌신 덕분에 우리는 빛을 되찾을 수 있었습니다.

그 숭고한 희생 덕분에 우리나라는 전쟁의 상흔을 딛고 세계 10위의 경제 강국으로 성장할 수 있었습니다.

그 빛나는 용기 덕분에 오랜 독재의 질곡에서 벗어나 전 세계가 부러워하는 민주주의 모범 국가로 우뚝 섰습니다.

국가와 공동체를 위해 희생하는 분들이 아니었으면 결코 이루지 못했을 눈부신 성취입니다.

우리가 누리는 자유와 평화, 풍요와 번영이 어디에서부터 비롯되었는지 잊지 말아야 합니다.

그래서 우리는 해마다 이렇게 모여 기억하고, 기록하고, 책임을 다하겠다는 다짐을 하는 것입니다.

존경하는 국민 여러분!

보훈은 희생과 헌신에 대한 최소한의 예우이자 국가가

마땅히 해야 할 책임과 의무입니다.

모두를 위한 특별한 희생에는 특별한 보상이 주어져야 합니다.

독립운동하면 3대가 망하고, 친일하면 3대가 흥한다는 말은 이제 영원히 사라져야 합니다.

국가와 공동체를 위한 희생이 합당한 보상으로 돌아오는 나라, 모두를 위한 헌신이 그 어떤 것보다 영예로운 나라가 되어야 합니다.

이재명 정부는 책임과 의무를 다할 것입니다.

국가유공자와 유가족 여러분이 자부심과 긍지를 느끼고 품격을 더하도록 예우는 더 높게, 지원은 더 두텁게 할 것입니다.

국가를 위한 희생에 합당한 보상이 이루어지게 할 것입니다.

참전유공자의 남겨진 배우자가 생활에 어려움을 겪지 않도록 사각지대를 해소하고 지원을 강화하겠습니다.

국가유공자의 건강한 삶을 위해 집 근처에서 제때 편리하게 의료혜택을 누리실 수 있도록 빈틈없는 보훈의료체계

를 구축할 것입니다.

군 경력에 대한 정당한 보상을 현실화하여 국가유공자와 제대군인의 헌신에 합당한 예우를 갖추겠습니다.

지금 이 순간에도 국가와 국민을 위해 헌신하고 있는 그 많은 분의 노고 또한 결코 잊지 않겠습니다.

밤을 지새우며 나라를 지키는 군 장병들과 재난 현장에서 고군분투하는 소방관들, 범죄 현장에서 발로 뛰는 경찰관의 헌신 덕분에 오늘도 우리 국민께서 안심하고 일상을 누리는 것입니다.

제복 입은 시민들이 아무런 걱정 없이 오직 국가와 국민을 지키기 위해 일할 수 있도록 복무 여건도 개선하겠습니다.

제복 입은 민주시민들이 국민을 지킬 동안, 대한민국이 군 장병과 경찰, 소방공무원들을 지키겠습니다.

존경하는 국민 여러분!

순국선열과 호국영령께서 지켜온 나라가 더욱 빛날 수 있도록 만든 것은 오늘을 누리는 우리에게 주어진 공동의 책무입니다.

전쟁 걱정 없는 평화로운 나라, 일상이 흔들리지 않는 안

전한 나라를 만드는 것이야말로 그 거룩한 희생과 헌신에 대한 가장 책임 있는 응답일 것입니다.

든든한 평화 위에 민주주의와 번영이 꽃피는 나라, 자부심과 긍지가 넘치는 그런 대한민국으로 보답합시다.

언제나 국난 앞에서 '나'보다 '우리'가 먼저였던 대한국민의 저력이라면 충분히 해낼 수 있다고 확신합니다.

다시 한번 순국선열과 호국영령의 영전에 깊은 존경과 감사의 마음을 표합니다.

모두를 위한 그 특별한 희생과 헌신을 가슴에 단단하게 새기겠습니다.

감사합니다.

이재명 대통령이 6일 서울 동작구 국립서울현충원에서 열린 70회 현충일 추념식에서 현충탑을 참배하여 분향(위)과 묵념(아래)하고 있다.

다시 읽는 명연설문 함께하기
"연설문을 보면 대통령의 품격이 보인다"

대통령의 명연설은 국민을 감동시키고, 국력 결집과 국가적 위기 상황에서 나왔다는 공통점을 가지고 있다.

김대중 대통령   노무현 대통령   존 F.케네디 대통령

빌 클린턴 대통령   버락 오바마 대통령   넬슨 만델라 대통령

제15대 김대중 대통령 취임사

(1998년 2월 25일)

제15대 김대중 대통이 취임사 하는 모습. 취임사 제목은 "국난 극복과 재도약의 새 시대를 엽시다"였습니다.

〈제15대 김대중 대통령 취임사 전문〉

존경하고 사랑하는 국민 여러분!

오늘 저는 대한민국 제15대 대통령에 취임하게 되었습니다. 정부수립 50년 만에 처음 이루어진 여야 간 정권교체를 여러분과 함께 기뻐하면서, 온갖 시련과 장벽을 넘어 진정한 '국민의 정부'를 탄생시킨 국민 여러분께 찬양과 감사의 말씀을 드리는 바입니다.

그리고 저의 취임을 축하하기 위해 이 자리에 함께 해주신 김영삼 전임 대통령, 폰 바이체커 독일 전 대통령, 코라손 아키노 필리핀 전 대통령, 후안 안토니오 사마란치 IOC위원장 등 내외 귀빈을 비롯한 참석자 여러분께도 깊이 감사드립니다.

오늘 이 취임식의 역사적인 의미는 참으로 크다고 할 것입니다. 오늘은 이땅에서 처음으로 민주적 정권교체가 실현되는 자랑스러운 날입니다. 또한 민주주의와 경제를 동시에 발전시키려는 정부가 마침내 탄생하는 역사적인 날이기도 합니다.

이 정부는 국민의 힘에 의해 이루어진 참된 '국민의 정부'입니다. 모든 영광과 축복을 국민 여러분께 드리면서, 제 몸과 마음을 다 바쳐 봉사할 것을 굳게 다짐하는 바입니다.

친애하는 국민 여러분!

우리는 3년 후면 새로운 세기를 맞게 됩니다. 21세기의 개막은 단순히 한 세기가 바뀌는 것만이 아니라, 새로운 혁명의 시작을 말합니다. 지구상에 인간이 탄생한 인간혁명으로부터 농업혁명, 도시혁명, 사상혁명, 산업혁명의 5대 혁명을 거쳐 인류는 이제 새로운 혁명의 시대로 들어서고 있는 것입니다.

세계는 지금, 유형의 자원이 경제발전의 요소였던 산업사회로부터, 무형의 지식과 정보가 경제발전의 원동력이 되는 지식정보사회로 나아가고 있습니다.

정보화 혁명은 세계를 하나의 지구촌으로 만들어, 국

민경제 시대로부터 세계 경제 시대로의 전환을 이끌고 있습니다. 정보화 시대는 누구나, 언제나, 어디서나, 손쉽고 값싸게 정보를 얻고 이용할 수 있는 시대를 말합니다. 이는 민주사회에서만 가능합니다.

우리는 이와 같은 문명사적 대전환기를 맞아 새로운 도전에 전력을 다하여 능동적으로 대응해야 합니다. 그러나 불행하게도 이 중차대한 시기에 우리에게는 6·25 이후 최대의 국난이라고 할 수 있는 외환위기가 닥쳐왔습니다.

잘못하다가는 나라가 파산할지도 모를 위기에 우리는 당면해 있습니다. 막대한 부채를 안고, 매일 같이 밀려오는 만기 외채를 막는 데 급급하고 있습니다.

참으로 어이없는 일이 아닐 수 없습니다. 우리가 이나마 파국을 면하고 있는 것은 애국심으로 뭉친 국민 여러분의 협력과 국제통화기금, 세계은행, 아시아개발은행, 그리고 미국, 일본, 캐나다, 호주, EU국가 등 우방들의 도움 덕택입니다.

올 한 해 동안 물가는 오르고, 실업은 늘어날 것입니다.

소득은 떨어지고, 기업의 도산은 속출할 것입니다. 우리 모두는 지금 땀과 눈물을 요구받고 있습니다.

도대체 우리가 어찌해서 이렇게 되었는지 냉정하게 돌이켜 봐야 합니다. 정치, 경제, 금융을 이끌어온 지도자들이 정경유착과 관치금융에 물들지 않았던들, 그리고 대기업들이 경쟁력 없는 기업들을 문어발처럼 거느리지 않았던들, 이러한 불행한 일은 일어나지 않았을 것입니다.

잘못은 지도층들이 저질러놓고 고통은 죄없는 국민이 당하는 것을 생각할 때 한없는 아픔과 울분을 금할 수 없습니다. 이러한 파탄의 책임은 국민 앞에 마땅히 밝혀져야 할 것입니다.

존경하는 국민 여러분!

오늘의 어려움 속에서도 국민 여러분께서는 놀라운 애국심과 저력을 발휘하셨습니다. 우리는 IMF 시대의 충격 속에서도 여야 간 평화적 정권교체의 위업을 이룩하였습니다.

국민 여러분은 나라의 위기를 극복하기 위해 '금 모으

기'에 나섰고 이미 20억 달러가 넘는 금을 모아 주셨습니다. 저는 황금보다 더 귀중한 국민 여러분의 애국심을 한없이 자랑스럽게 생각합니다. 여러분 감사합니다.

한편, 우리 근로자들은 자기 생활의 어려움도 무릅쓰고 자발적으로 임금을 동결하는 등 고통 분담에 동참하고 있습니다. 기업은 수출에 전력을 다함으로써 지난 3개월간 연속해서 큰 규모의 경상수지 흑자를 내고 있습니다. 이러한 한국인의 애국심과 저력에 대해 세계가 경탄하고 있습니다.

노동자와 사용자 그리고 정부는 대화를 통한 대타협으로 국난 극복의 주춧돌을 놓았습니다. 이 얼마나 자랑스러운 일입니까. 저는 이 일을 이루어낸 노사정 대표여러분께 국민과 함께 큰 박수를 보내고 싶습니다.

국회의 다수당인 야당 여러분에게 간절히 부탁드립니다. 오늘의 난국은 여러분의 협력 없이는 결코 극복할 수 없습니다. 저도 모든 것을 여러분과 같이 상의하겠습니다. 나라가 벼랑 끝에 서 있는 금년 1년 만이라도 저를 도와주셔야 하겠습니다. 저는 온 국민이 이를 바라고 있다고 믿습니다.

친애하는 국민 여러분!

지금 이 나라는 정치, 경제, 사회, 외교, 안보 그리고 남북문제 등 모든 분야에서 좌절과 위기에 처해 있습니다. 이를 극복하기 위해서는 총체적인 개혁이 이루어져야 합니다.

무엇보다 정치개혁이 선행되어야 합니다. 국민이 주인 대접을 받고 주인 역할을 하는 참여민주주의가 실현되어야 하겠습니다. 그래야만 국정이 투명하게 되고 부정부패도 사라집니다.

저는 '국민에 의한 정치', '국민이 주인되는 정치'를 국민과 함께 반드시 이루어내겠습니다.

'국민의 정부'는 어떠한 정치보복도 하지 않겠습니다. 어떠한 차별과 특혜도 용납하지 않겠습니다. 다시는 무슨 지역 정권이니 무슨 도 차별이니 하는 말이 없도록 하겠다는 것을 굳게 다짐합니다.

정부가 고통 분담에 앞장서서 효율적인 정부를 만들

겠습니다. 중앙정부에 집중된 권한과 기능을 민간과 지방자치단체에 대폭 이양하겠습니다.

그러나 국민의 생명과 재산을 지키는 데에는 더욱 힘쓰겠습니다. 환경을 보존하고 복지를 증진시키는데 적극 노력하겠습니다.

'작지만 강력한 정부', 이것이 '국민의 정부'가 지향하는 목표입니다.

'국민의 정부'가 당면한 최대의 과제는 우리의 경제적 국난을 극복하고 우리 경제를 재도약시키는 일입니다. '국민의 정부'는 민주주의와 경제발전을 병행시키겠습니다.

민주주의와 시장경제는 동전의 양면이고 수레의 양바퀴와 같습니다. 결코 분리해서는 성공할 수 없습니다. 민주주의와 시장경제를 다 같이 받아들인 나라들은 한결같이 성공했습니다.

그러나 민주주의를 거부하고 시장경제만 받아들인 나라들은 나치즘 독일과 군국주의 일본에서 보여준 바와 같이 참담한 좌절을 당하고 말았습니다. 이들 나라도 2차대전 후 민주주의와 시장경제를 같이 받아들여 오늘과 같은 자유와 번영을 누리게 되었습니다.

민주주의와 시장경제가 조화를 이루면서 함께 발전하게 되면 정경유착이나, 관치금융, 그리고 부정부패는 일어날 수 없습니다.

저는 우리가 겪고 있는 오늘의 위기는, 민주주의와 시장경제를 병행해서 실천함으로써 극복할 수 있다고 확신합니다.

경제를 살리기 위해서는 먼저 물가를 잡아야 합니다. 물가안정 없이는 어떠한 경제정책도 성공할 수 없습니다. 대기업과 중소기업을 똑같이 중시하되, 대기업은 자율성을 보장하고 중소기업은 집중적으로 지원함으로써 양자가 다 같이 발전해 나가도록 하겠습니다.

또한 철저한 경쟁의 원리를 지켜나갈 것입니다. 세계에서 가장 품질 좋고 가장 값싼 상품을 만들어 외화를 많이 벌어들이는 기업인이 존경받는 나라를 만들겠습니다.

기술 입국의 소신을 가지고, 21세기 첨단 산업 시대에 기술 강국으로 등장할 수 있는 정책을 과감히 추진해 나가겠습니다.

벤처기업은 새로운 세기의 꽃입니다. 이를 적극 육성하여 고부가가치의 제품을 만들어 경제를 비약적으로 발전시켜야 합니다. 벤처기업은 많은 일자리를 창출해서 실업문제를 해소하는데도 크게 이바지할 것입니다.

'국민의 정부'가 대기업과 이미 합의한 5대 개혁, 즉 기업의 투명성, 상호지급보증의 금지, 건전한 재무구조, 핵심기업의 설정과 중소기업에 대한 협력, 그리고 지배주주와 경영자의 책임성 확립은 반드시 관철될 것입니다.

이것만이 기업이 살고 우리 경제가 다시 도약할 수 있는 길입니다. 정부는 기업의 자율성을 철저히 보장하겠습니다. 그러나 기업의 자기 개혁 노력도 엄격히 요구할 것입니다.

'국민의 정부'는 수출 못지않게 외국자본의 투자유치에 힘쓰겠습니다. 외자 유치야말로 외채를 갚고, 국내기업들의 경쟁력을 강화하며, 우리 경제의 투명성을 높이는 가장 효과적인 길입니다.

농업을 중시하고 특히 쌀의 자급자족은 반드시 실현시켜야 합니다. 농어가 부채 경감, 재해보상, 농축 수산물 가격의 보장, 그리고 농촌 교육여건의 우선적 개선 등 농어민의 소득과 복지를 향상시키기 위한 정책을 강력히 추진하겠습니다.

애국심과 의욕에 충만한 자랑스러운 국민 여러분과 같이 올바른 경제개혁을 추진해 나간다면, 우리 경제는 오늘의 난국을 반드시 극복하고 내년 후반부터는 새로운 활로를 개척해 나갈 수 있다고 저는 확실히 믿어 의심치 않습니다.

친애하는 국민 여러분!

저를 믿고 적극 도와주십시오. 국민 여러분의 기대에 반드시 부응해 내겠습니다.

국민 여러분! 건강한 사회를 위한 정신의 혁명이 필요합니다. 인간이 존중되고 정의가 최고의 가치로 강조되는 정신 혁명 말입니다. 바르게 산 사람이 성공하고 그렇지 못한 사람은 실패하는 그런 사회가 반드시 이루어져야 합니다. 고통도 보람도 같이 나누고, 기쁨도 함께 해야 합니다. 땀도 같이 흘리고 열매도 함께 거둬야 합니다.
저는 이러한 정신 혁명과 바른 사회의 구현에 모든 것을 바쳐 앞장서겠습니다.

노인이나 장애인들도 일할 능력이 있는 사람에게는 일을 주고 그렇지 못한 사람은 따뜻하게 감싸주어야 합니다. 저는 소외된 사람들의 눈물을 닦아주고 한숨짓는 사람에게 용기를 북돋아 주는 그런 '국민의 대통령'이 되겠습니다.

우리 민족은 높은 교육수준과 찬란한 문화적 전통을 가진 민족입니다. 우리 민족은 21세기의 정보화 사회에 큰 저력을 발휘할 수 있는 우수한 민족입니다. 새 정부는 우리의 자라나는 세대가 지식정보사회의 주역이 되도록 힘쓰겠습니다. 초등학교부터 컴퓨터를 가르치고 대학입시에서도 컴퓨터 과목을 선택할 수 있도록 하겠습니다.

세계에서 컴퓨터를 가장 잘 쓰는 나라를 만들어 정보 대국의 토대를 튼튼히 닦아나가겠습니다.

교육개혁은 오늘날 우리 사회가 안고 있는 산적한 문제를 해결하는 핵심적인 과제입니다. 대학입시제도를 획기적으로 개혁하고 능력 위주의 사회를 만들겠습니다. 청소년들은 과외로부터 해방되고, 학부모들은 과중한 사교육비로부터 벗어나게 하겠습니다. 지식과 인격과 체력을 똑같이 중요시하는 지, 덕, 체의 전인교육을 실현시키겠습니다.

이러한 교육개혁은 만난을 무릅쓰고라도 반드시 성취하겠다는 것을 저는 이 자리를 빌려 굳게 다짐합니다.

우리는 민족문화의 세계화에 힘을 쏟아야 합니다. 우리의 전통문화속에 담겨 있는 높은 문화적 가치를 계승 발전시키겠습니다. 문화산업은 21세기의 기간산업입니다. 관광산업, 회의체산업, 영상산업, 문화적 특산품 등 무한한 시장이 기다리고 있는 부의 보고입니다.

중산층은 나라의 기본입니다. 봉급생활자, 중소기업

그리고 자영업자 등 중산층이 안정되고 행복한 삶을 누릴 수 있도록 최선의 노력을 기울이겠습니다.

'국민의 정부'는 여성의 권익 보장과 능력 개발을 위해서 적극 힘쓰겠습니다. 가정에서나 사회에서나 직장에서나 남녀 차별의 벽은 제거되어야 합니다.

청년은 나라의 희망이자 힘입니다. 그들을 위한 교육과 문화, 그리고 복지의 향상을 위해서 정부는 아낌없는 지원 대책을 세워 나가겠습니다.

친애하는 국민 여러분!

21세기는 경쟁과 협력의 세기입니다. 세계화 시대의 외교는 냉전 시대와는 다른, 발상의 전환을 요구하고 있습니다. 21세기 외교의 중심은 경제와 문화로 옮겨갈 것입니다. 협력 속에 이루어지는 무한경쟁시대를 헤쳐 나가기 위해 무역, 투자, 관광, 문화교류를 확대해 나가겠습니다.

우리의 안보는 자주적 집단안보가 되어야 합니다. 국민적 단결과 사기 넘치는 강군을 토대로 자주적 안보태세를 강화하겠습니다. 동시에 한미 안보 체제를 더욱 굳건히 다지는 등의 집단안보를 결코 소홀히 하지 않겠습니다. 한반도에서의 평화 구축을 위해 4자회담을 반드시 성공시키는 데 적극 노력하겠습니다.

남북 관계는 화해와 협력 그리고 평화정착에 토대를 두고 발전시켜 나가야 합니다.

분단 반세기가 넘도록 대화와 교류는커녕, 이산가족이 서로 부모형제의 생사조차 알지 못하는 냉전적 남북 관계는 하루빨리 청산되어야 합니다. 1천3백여 년간 통일을 유지해 온 우리 조상들에 대해서도 한없는 죄책감을 금할 길이 없습니다.

남북문제 해결의 길은 이미 열려 있습니다. 1991년 12월 13일에 채택된 남북기본합의서의 실천이 바로 그것입니다. 남북 간의 화해와 교류협력과 불가침, 이 세 가지 사항에 대한 완전한 합의가 이미 남북한 당국 간에 이루어져 있습니다. 이것을 그대로 실천만 하면 남북문제를 성공적으로 해결하고 통일에의 대로를 열어나갈 수 있습니다.

저는 이 자리에서 북한에 대해 당면한 3원칙을 밝히고자 합니다.

첫째, 어떠한 무력도발도 결코 용납하지 않겠습니다.

둘째, 우리는 북한을 해치거나 흡수할 생각이 없습니다.

셋째, 남북 간의 화해와 협력을 가능한 분야부터 적극적으로 추진해 나갈 것입니다.

남북 간에 교류 협력이 이루어질 경우, 우리는 북한이 미국, 일본 등 우리의 우방국가나 국제기구와 교류협력을 추진해도 이를 지원할 용의가 있습니다.

새 정부는 현재와 같은 경제적 어려움에도 불구하고 북한의 경수로 건설과 관련한 약속을 이행할 것입니다. 식량도 정부와 민간이 합리적인 방법을 통해서 지원하는 데 인색하지 않겠습니다.

저는 북한 당국에게 간곡히 호소합니다. 수많은 이산가족이 나이 들어 차츰 세상을 떠나고 있습니다. 하루빨리 남북의 가족들이 만나고 서로 소식을 전하도록 해야 합니다. 이 점에 관해서 최근 북한이 긍정적인 조짐을 보이고 있는 점을 예의 주목하고 있습니다. 그리고 문화와 학술의 교류, 정경분리에 입각한 경제교류도 확대되기를 희망합니다.

저는 남북기본합의서에 의한 남북간의 여러 분야에서의 교류가 실현되기를 바랍니다. 우선 남북기본합의서의 이행을 위한 특사의 교환을 제의합니다. 북한이 원한다면 정상회담에도 응할 용의가 있습니다.

새 정부는 해외동포들과의 긴밀한 유대를 강화하고 그들의 권익을 보호하기 위해서 적극적인 노력을 기울일 것입니다. 우리는 해외동포들이 거주국 시민으로서의 권리와 의무를 다하면서 한국계로서 안정과 긍지를 가질 수 있도록 적극 돕겠습니다.

존경하고 사랑하는 국민 여러분!

지금 우리는 전진과 후퇴의 기로에 서 있습니다. 우리를 가로막고 있는 고난을 딛고 힘차게 전진합시다. 국난극복과 재도약의 새로운 시대를 열어갑시다.

반만년 역사가 우리를 지켜보고 있습니다. 조상들의

얼이 우리를 격려하고 있습니다.

민족 수난의 굽이마다 불굴의 의지로 나라를 구한 자랑스러운 선조들처럼, 우리 또한 오늘의 고난을 극복하고 내일에의 도약을 실천하는 위대한 역사의 창조자가 됩시다. 오늘의 위기를 전화위복의 계기로 삼읍시다.

우리 국민은 해낼 수 있습니다. 6·25의 폐허에서 일어선 역사가 그것을 증명합니다. 제가 여러분의 선두에 서겠습니다. 우리 다 같이 손잡고 힘차게 나아갑시다. 국난을 극복합시다. 재도약을 이룩합시다.

그리하여, 대한민국의 영광을 다시 한번 드높입시다.

감사합니다.

제16대 노무현 대통령 취임사

(2003년 2월 25일)

2003년 2월 25일 오전 국회에서 열린 제16대 대통령 취임식에서 노무현 대통령이 취임 선서를 하고 있다.

〈제16대 노무현 대통령 취임사 전문〉

존경하는 국민 여러분,

오늘 저는 대한민국의 제16대 대통령에 취임하기 위해 이 자리에 섰습니다. 국민 여러분의 위대한 선택으로 저는 대한민국의 새 정부를 운영할 영광스러운 책임을 맡게 되었습니다. 국민 여러분께 뜨거운 감사를 올리면서 이 벅찬 소명을 국민 여러분과 함께 완수해 나갈 것임을 약속드립니다.

아울러 이 자리에 참석해 주신 김대중 대통령을 비롯한 전임 대통령 여러분, 고이즈미 준이치로 일본 총리를 비롯한 세계 각국의 경축 사절과 내외 귀빈 여러분께도 심심한 감사를 드립니다.

특별히 이 자리를 빌려, 대구 지하철 참사 희생자 여러분의 명복을 빌면서, 유가족 여러분께도 깊은 위로를 드립니다. 다시는 이런 불행이 되풀이되지 않게, 재난 관리

체계를 전면적으로 점검하고 획기적으로 개선해 안전한 사회를 만들도록 최선을 다하겠습니다.

국민 여러분,

우리의 역사는 도전과 극복의 연속이었습니다. 열강의 틈에 놓인 한반도에서 숱한 고난을 이겨내고, 반만년 동안 민족의 자존과 독자적 문화를 지켜왔습니다. 해방 이후에는 분단과 전쟁과 가난을 딛고, 반세기 만에 세계 열두 번째의 경제 강국을 건설했습니다.

우리는 농경시대에서 산업화를 거쳐 지식정보화 시대에 성공적으로 진입했습니다.

그러나 지금 우리는 다시 세계사적 전환점에 직면했습니다. 도약이냐 후퇴냐, 평화냐 긴장이냐의 갈림길에 서 있습니다.

세계의 안보 상황이 불안합니다. 이라크 정세가 긴박합니다. 특히 북한 핵 문제를 둘러싼 국제사회의 우려가 고조되고 있습니다. 이럴수록 우리는 평화를 지키고 더욱 굳건히 뿌리내리게 해야 합니다.

대외 경제 환경도 어려워지고 있습니다. 선진국들은 끝없이 새로운 영역을 개척하며 뻗어가고 있습니다. 후발국들은 무섭게 추격해 옵니다. 우리는 새로운 성장동력과 발전, 전략을 요구받고 있습니다.

우리 사회 내부에도 국가의 명운을 결정지을 많은 문제들이 가로놓여 있습니다. 이들 과제는 국민 여러분의 지혜와 결단을 기다리고 있습니다. 이 모든 도전을 극복해야 합니다. 우리는 해낼 수 있습니다. 우리 국민이 힘을 합치면, 못 할 것이 없습니다. 그런 저력으로 우리는 외환 위기를 세계에서 가장 빨리 벗어났습니다. 지난해에는 월드컵 4강 신화를 창조했습니다. 대통령 선거의 모든 과정을 통해 참여민주주의의 꽃을 피웠습니다.

존경하는 국민 여러분,

이제 우리의 미래는 한반도에 갇혀 있을 수 없습니다. 우리 앞에는 동북아 시대가 도래하고 있습니다. 근대 이후 세계의 변방에 머물던 동북아가, 이제 세계 경제의 새로운 활력으로 떠올랐습니다. 21세기는 동북아 시대가 될 것이라는 세계 석학들의 예측이 착착 현실로 나타나고 있습니다. 동북아의 경제 규모는 세계의 5분의 1을 차지합니다. 한·중·일 3국에 만 유럽연합의 네 배가 넘는 인구가 살고 있습니다.

우리 한반도는 동북아의 중심에 자리잡고 있습니다. 한반도는 중국과 일본, 대륙과 해양을 연결하는 가리입니다. 이런 지정학적 위치가 지난날에는 우리에게 고통을 주었습니다. 그러나 오늘날에는 오히려 기회를 주고 있습니다. 21세기 동북아 시대의 중심적 역할을 우리에게 요구하고 있는 것입니다.

우리는 고급 두뇌와 창의력, 세계 일류의 정보화 기반을 갖고 있습니다. 인천공항, 부산항, 광양항과 고속철도 등 하늘과 바다와 땅의 물류 기반도 구비 해가고 있습니다. 21세기 동북아 시대를 주도적으로 열어나갈 수 있는 기본적 조건을 갖추어 가고 있습니다. 한반도는 동북아의 물류와 금융의 중심지로 거듭날 수 있습니다.

동북아 시대는 경제에서 출발합니다. 동북아에 '번영

의 공동체'를 이룩하고 이를 통해 세계의 번영에 기여해야 합니다. 그리고 언젠가는 '평화의 공동체'로 발전해야 합니다. 지금의 유럽연합과 같은 평화와 공생의 질서가 동북아에도 구축되게 하는 것이 저의 오랜 꿈입니다. 그렇게 되어야 동북아 시대는 완성됩니다. 그런 날이 가까워지도록 저는 혼신의 노력을 다할 것임을 굳게 약속드립니다.

국민 여러분, 진정한 동북아 시대를 열지면 먼저 한반도에 평화가 제도적으로 정착되어야 합니다.

한반도가 지구상의 마지막 냉전 지대로 남은 것은 20세기의 불행한 유산입니다. 그런 한반도가 21세기에는 세계를 향해 평화를 발신하는 평화지대로 바뀌어야 합니다. 유라시아 대륙과 태평양을 잇는 동북아의 평화로운 관문으로 새롭게 태어나야 합니다. 부산에서 피리행 기차표를 사서 평양, 신의주, 중국, 몽골, 러시아를 거쳐 유럽의 한복판에 도착하는 날을 앞당겨야 합니다.

이제까지 우리는 한반도의 평화를 증진시키기 위해 많

은 노력을 기울였습니다. 그 성과는 괄목할 만합니다. 남북한 사이에 사람과 물자의 교류가 일상적인 일처럼 빈번해졌습니다. 하늘과 바다와 땅의 길이 모두 열렸습니다.

그러나 정책의 추진 과정에서는 더욱 광범위한 국민적 합의를 얻어야 한다는 과제를 남겼습니다. 저는 그동안의 성과를 계승하고 발전시키면서, 정책의 추진 방식은 개선해 나가고자 합니다.

저는 한반도 평화 증진과 공동 번영을 목표로 하는 '평화 번영 정책'을, 몇 가지 원칙을 가지고 추진해 나가겠습니다. 첫째, 모든 현안은 대화를 통해 풀도록 하겠습니다. 둘째, 상호 신뢰를 우선하고 호혜주의를 실천해 나가겠습니다. 셋째, 남북 당사자 원칙에 기초해 원활한 국제협력을 추구하겠습니다. 넷째, 대내외적 투명성을 높이고 국민 참여를 확대하며 초당적 협력을 얻겠습니다. 국민과 함께하는 '평화 번영 정책'이 되도록 하겠습니다. 북한의 핵무기 개발 의혹은 한반도를 비롯한 동북아와 세계의 평회에 중대한 위협이 되고 있습니다. 북한의 핵 개발은 용인될 수 없습니다. 북한은 핵 개발 계획을 포기해야 합니다. 북한이 핵 개발 계획을 포기한다면, 국제사회는 북한이 원하는 많은 것을 제공할 것입니다. 북한은 핵무기를 보유할 것인지, 체제 안전과 경제 지원을 약속받을 것인지를 선택해야 합니다.

아울러 저는 북한 핵 문제가 대화를 통해 평화적으로 해결되어야 한다는 점을 거듭 강조하고자 합니다.

어떤 형태로든 군사적 긴장이 고조되어서는 안 됩니다. 북한 핵 문제가 대화를 통해 해결되도록, 우리는 미국 일본과의 공조를 강화할 것입니다. 중국 러시아 유럽연합 등 과도 긴밀하게 협력해 나가겠습니다.

올해는 한미동맹 50주년입니다. 한미동맹은 우리의 안전보장과 경제발전에 크게 기여해 왔습니다.

우리 국민은 이에 대해 깊이 감사하고 있습니다. 우리는 한미동맹을 소중히 발전시켜 나갈 것입니다. 호혜 평등의 관계로 더욱 성숙시켜 나갈 것입니다. 전통우방을 비롯한 다른 국가들과의 관계도 확대해 나가겠습니다.

국민 여러분,

동북아 시대를 열고, 한반도에 평화를 정착시키려면, 우리 사회가 건강하고 미래지향적이어야 합니다. 힘과 비전을 가져야 합니다. 그러자면 개혁과 통합을 위한 지속적 노력이 필요합니다. 개혁은 성장의 동력이고, 통합은 도약의 디딤돌입니다. 새 정부는 개혁과 통합을 바탕으로, 국민과 함께하는 민주주의, 더불어 사는 균형 발전 사회, 평화와 번영의 동북아 시대를 열어나갈 것입니다. 이러한 목표로 가기 위해 저는 원칙과 신뢰, 공정과 투명, 대화와 타협, 분권과 자율을 새 정부 국정 운영의 좌표로 삼고자 합니다.

우리는 각 분야의 새로운 성장동력을 창출해야 합니다. 외환위기를 초래했던 제반요인은 아직도 극복해야 할 과제로 남아 있습니다. 시장과 제도를 세계 기준에 맞게 공정하고 투명하게 개혁해, 기업하기 좋은 나라, 투자하고 싶은 나라로 만들고자 합니다.

정치부터 바뀌어야 합니다. 진정으로 국민이 주인인

정치가 구현되어야 합니다. 당리당략보다 국리민복을 우선하는 정치 풍토가 조성되어야 합니다. 대결과 갈등이 아니라 대화와 타협으로 문제를 푸는 정치 문화가 자리잡았으면 합니다. 저부터 야당과 대화하고 타협하겠습니다.

과학기술을 부단히 혁신해 '제2의 과학기술 입국'을 이루겠습니다. 지식정보화 기반을 지속적으로 확충하고 신산업을 육성하고자 합니다. 문화를 함양하고 문화산업의 발전도 적극 지원하겠습니다.

이러한 국가 목표에 부응할 수 있도록 교육도 혁신되어야 합니다. 우리 이들이 입시지옥에서 벗어나 저마다의 소질과 창의력을 마음껏 발휘할 수 있게 해주어야 합니다.

경제의 지속적 성장을 위해서도, 사회의 건강을 위해서도 부정부패를 없애야 합니다. 이를 위한 구조적 제도적 대안을 모색하겠습니다. 특히 사회지도층의 뼈를 깎는 성찰을 요망합니다.

중앙 집권과 수도권 집중은 국가의 미래를 위해 더 이

상 방치할 수 없습니다. 지방분권과 국가균형발전은 미룰 수 없는 과제가 되었습니다. 중앙과 지방은 조화와 균형을 이루며 발전해야 합니다.

지방은 자신의 미래를 자율적으로 설계하고, 중앙은 이를 도와야 합니다. 저는 비상한 결의로 이를 추진해 나갈 것입니다. 국민통합은 이 시대의 가장 중요한 숙제입니다. 지역 구도를 완화하기 위해 새 정부는 지역 탕평 인사를 포함한 가능한 모든 조치를 취해 나갈 것입니다. 소득 격차를 비롯한 계층 간 격차를 좁히기 위해 교육과 세제 등의 개선을 강구하고자 합니다. 노사 화합과 협력의 문화를 이루도록 노사 여러분과 함께 최선을 다하겠습니다.

노약자를 비롯한 소외받는 사람들에게 더 많은 관심을 기울이는 따뜻한 사회를 만들어야 합니다. 이를 위해 복지정책을 내실화하고자 합니다. 모든 종류의 불합리한 차별을 없애 나가겠습니다. 양성평등사회를 지향해 나가겠습니다. 개방화 시대를 맞아 농어업과 농어민을 위한 대책을 강구하겠습니다. 고령사회의 도래에 대한 준비에도 소홀함이 없도록 하겠습니다.

반칙과 특권이 용납되는 시대는 이제 끝나야 합니다. 정의가 패배하고 기회주의자가 득세하는 굴절된 풍토는 청산되어야 합니다. 원칙을 바로 세워 신뢰 사회를 만듭시다. 정정당당하게 노력하는 사람이 성공하는 사회로 나아갑시다. 정직하고 성실한 대다수 국민이 보람을 느끼게 해드려야 합니다.

존경하는 국민 여러분,

오랜 세월 동안 우리는 변방의 역사를 살아왔습니다. 때로는 자신의 운명을 스스로 결정하지 못하는 의존의 역사를 강요받기도 했습니다. 그러나 이제 우리는 새로운 전기를 맞았습니다. 21세기 동북아 시대의 중심 국가로 웅비할 기회가 우리에게 찾아왔습니다. 우리는 이 기회를 살려나가야 합니다.

우리에게는 수많은 도전을 극복한 저력이 있습니다. 위기마저도 기회로 만드는 지혜가 있습니다. 그런 지혜와 저력으로 오늘 우리에게 닥친 도전을 극복합시다. 오늘 우리가 선조들을 기리는 것처럼, 먼 훗날 후손들이 오늘의 우리를 자랑스러운 조상으로 기억하게 합시다.

우리는 마음만 합치면 기적을 이루어내는 국민입니다. 우리 모두 마음을 모읍시다. 평화와 번영과 도약의 새 역사를 만드는 이 위대한 도정에 모두 동참 합시다. 항상 국민 여러분과 함께하겠습니다.

감사합니다.

미국 제35대 케네디 대통령 취임사

(1961년 1월 20일)

지난 1961년 1월 20일 미국 제35대 대통령이 취임식장에서 취임사를 하는 존 F. 케네디 대통령.

1961년 1월 20일 미국 워싱턴 연방의회 앞에서 새 대통령이 취임 연설을 했다. 사람들은 44살 젊고 패기 넘치는 대통령의 탄생에 환호했다. 존 F. 케네디가 내세운 '뉴 프런티어'(New Frontier, 새로운 개척자)는 전후 냉전 체제의 한복판에서 미국의 이상주의를 상징하는 슬로건이자 세계 최강 대국으로 떠오른 자신감의 표현이었다. 케네디는 취임 연설에 핵전쟁 억지를 포함한 글로벌 리더십의 비전과 의지를 담았다.

〈제35대 존 F. 케네디 대통령 취임사 전문〉

존슨 부통령, 대변인, 대법원장, 아이젠하워 전 대통령, 닉슨 전 부통령, 트루먼 전 대통령, 성직자, 국민 여러분!

정당의 승리가 아닌 끝이면서도 시작을 상징하는, 부흥과 변화를 나타내는 민주주의 의식을 우리는 오늘 보고 있습니다. 우리 선조들이 180여 년 전 정한 선서를 여러분과 전능하신 하느님 앞에서 서약하기 때문입니다.

지금 세계는 곤경에 처해 있습니다. 인간의 재산과 생명을 사라지게 할 힘을 인간은 자신의 치명적인 손에 잡고 있기 때문입니다. 인권은 국가의 관용이 아닌 신의 손에서 나온다는 우리 선조들이 목숨을 바친 이 혁명적인 신념은 아직도 지구상에서는 미해결 상태입니다.

우리가 그 첫 혁명의 후계자임을 오늘 우리는 결코 잊지 않습니다. 지금 이 자리에서 한 말을 친구는 물론 적에게도 전합시다. 금세기에 태어나 전쟁으로 단련되고 매섭고 쓰라린 평화로 훈련받았으며 우리의 오래된 유산을 영광으로 생각하며, 이 땅에서 늘 보장되었으며 오늘 우리가 집에서 그리고 세계 각지에서 누리고 있는 인권이 점차 몰락되는 것을 보거나 허락할 수 없는 신세대에게 횃불이 전해졌다고.

각국이 우리의 우방이 되기를 원하건 적국이 되기를 원하건 우리는 값을 지불할 것이며, 임무를 맡을 것이며, 어떠한 고난도 피하지 않으며, 우방을 지원하며 자유의 정착과 번영을 위하여 적을 막을 것입니다.

바로 이 점을 우리는 거듭 약속하려 합니다.

문화적 정신적으로 함께 하는 역사 깊은 우방에게 신

뢰할 만한 친구의 지원을 약속합니다. 뭉치면 손잡고 이룩해야 할 많은 모험을 이루지 못할 일이 없습니다. 그러나 흩어지면 거의 아무것도 해낼 수 없습니다. 뿔뿔이 흩어진 상태에서 어떻게 강력한 도전에 대응할 수 있겠습니까.

식민지 지배 구조가 사라지고 훨씬 강력한 독재가 대신하지는 않을 것이라고 자유 진영에 동참하는 신생국에게 약속합니다. 그들이 항상 우리의 견해를 지지해 주기를 바라지는 않지만, 그들 자신의 자유를 강력히 지지하기를 바랍니다. 또한 과거에 어리석게도 호랑이 등에 올라탐으로써 권력을 추구했던 사람들이 결국 호랑이 밥이 되고 말았다는 사실을 기억하기를 바랍니다.

세계 곳곳의 오두막과 마을에서 빈곤을 타파하려고 노력하는 사람들에게 아무리 오랜 기간이 걸리더라도 최선을 다해 돕겠다고 약속합니다. 공산주의자와의 경쟁이나 그들의 표가 필요해서가 아닙니다. 그것이 옳은 일이기 때문입니다. 만일 자유 사회가 가난한 다수를 도울 수 없다면, 부유한 소수도 구원할 수 없습니다.

우리 중남미 우방에게 특히 약속합니다. 우리의 찬사는 발전하려는 신흥 우방에서 참된 행동으로 옮겨질 것이며 빈곤을 타파하려는 자유인과 민주 정부를 도울 것입니다. 그러나 희망적인 이 평화로운 변혁은 폭력의 먹이가 될 수 없습니다. 이 대륙 어디이건 침략과 파괴를 막기 위해 함께 하겠다는 것을 우리 우방에게 알립시다. 그리고 세계만방에 이 서반구는 여전히 스스로를 책임져 나갈 것임을 알립시다.

전쟁의 수단이 평화의 수단을 훨씬 앞질러버린 이 시대, 우리의 마지막이자 최고의 희망이요, 모든 주권 국가의 연합인 유엔에 새로운 지원을 다짐합니다. 유엔이 단순한 독설의 장이 되는 것을 막고, 신생국과 약소국의 방패 역할을 강화해 그 권한이 미치는 지역을 확대하도록 지원하겠습니다. 마지막으로, 우리를 적대하려는 국가들에게는 맹세가 아닌 요청을 합니다. 과학에 의해 고삐가 풀린 어두운 파괴력이 계획적이건 우발적이건 자기 파괴로 인해 인류를 자멸의 도가니 속으로 몰아넣기 전에

양 진영이 새롭게 평화 추구 노력을 시작합시다.

힘도 없이 이런 모험을 하겠다는 건 아닙니다. 의심할 여지가 없을 만큼 충분한 군비를 갖추고 있어야만 우리는 무력 사용 억제를 보장할 수 있기 때문입니다.

하지만 크고 강력한 두 국가 진영 중 어느 쪽도 현 사태에 마음을 놓을 수는 없습니다. 양측 진영이 다 같이 현대적 무기의 비용에 과중한 부담을 지고 있고, 치명적인 핵무기의 확산을 두려워하고 있습니다. 그러면서도 양 진영은 인류 최후의 전쟁 도발을 억제하고 있는 불확실한 공포의 균형을 자기 쪽에 유리하도록 바꾸려고 경쟁하고 있습니다.

그러니 우리 다시 시작합시다. 정중함이 나약함의 표시가 아니며, 성실함은 반드시 증거가 필요하다는 점을 다 같이 명심합시다. 두려움 때문에 협상하지는 맙시다. 그렇다고 협상하는 것을 두려워하지도 맙시다. 두 진영을 분열시키는 문제로 왈가왈부하기보다는 서로 단결시켜 줄 문제를 함께 찾아봅시다. 두 진영이 처음으로, 군비의 사찰과 통제를 위한 진지하고 구체적인 방안을 공식화시켜, 다른 국가들을 파괴하려는 절대무기가 모든 국가의 절대적인 통제를 받도록 합시다.

두 진영으로 하여금 과학으로부터, 공포가 아닌 기적을 끌어낼 수 있도록 함께 노력합시다. 함께 천체를 탐색하고, 사막을 정복하고, 질병을 뿌리뽑고, 바다 밑을 개발하고-그리고 예술과 교역을 권장합시다. 두 진영이 합심해 세계 도처에서 들려오는 이사야의 계율에 귀를 기울입시다. "멍에의 줄을 끌러 주고, 압제당하는 자를 자유롭게 하라." 그리고 협력의 교두보가 세워지고 불신의 정글이 걷어지면, 두 진영이 손잡고 새로운 과업을 이룩하도록 합시다. 새로운 세력 균형이 아니라, 강대국이 의롭고 약소국은 안전하며 평화가 유지되는 그런 새로운 법의 세계를 이룩하도록 합시다.

이 모든 과제가 취임 후 100일 사이에 이뤄지지는 않을 것입니다. 천일 만에 이뤄지지도 않을 것이며, 현 정부의 임기 중에 끝나지도 않을 것이며, 어쩌면 우리가 지구상에 살아 있는 동안 이루지 못할 수도 있습니다. 하지만 시작합시다.

국민 여러분, 우리의 오선이 성공하느냐, 실패하느냐의 관건은 내가 아니라 여러분의 손에 달려 있습니다. 이 나라가 창건된 이래 모든 세대가 나라의 부름을 받고 그들의 충성을 증명해 보였습니다. 군의 부름에 응했던 젊은 미국인들의 무덤이 세계 곳곳에 산재해 있습니다.

이제 다시 우리를 부르는 나팔 소리가 들립니다. 그것은 비록 우리가 무기를 필요로 하지만 무기를 들라는 부름이 아니요, 비록 우리가 임전 태세를 갖추고 있지만 싸우라는 부름이 아닙니다. 이것은 언제나 소망 중에 기뻐하고 환난 중에 견디며 끊임없이 계속되는 지구전, 즉 독재정치, 빈곤, 질병, 전쟁 자체라는 인류 공동의 적에 항거하는 싸움을 이겨낼 짐을 지라는 부름인 것입니다.

모든 인류에게 더욱 결실이 있는 삶을 보장해 주기 위해서, 남과 북, 동과 서가 합심하여, 이러한 적에 대한 거대하고 세계적인 동맹체를 우리가 만들어낼 수 있겠습니까? 여러분이 역사적인 과업에 동참하지 않으시렵니까? 유구한 역사 속에서 불과 몇 세대의 사람들만이, 자유가 위기에 처했을 때, 그 자유를 보호하는 임무를 맡아 왔습니다. 나는 이 책임을 두려워하지 않습니다. 오히려 환영합니다. 나는 우리 세대의 어느 누구도, 다른 세대의 여느 사람들과 그 처지를 바꾸기를 원하지 않을 것이라고 확신합니다.

우리가 자유를 수호하기 위하여 쏟는 정력과 믿음과 헌신은 우리나라를 밝혀줄 것이며, 또한 그 일을 위하여 봉사하는 모든 사람과, 그리고 작열하는 그 불길은 진실로 세계를 밝혀줄 것입니다.

그러므로, 국민 여러분! 여러분의 조국이 여러분에게 무슨 일을 해 줄 것인가를 묻지 말고, 여러분이 조국을 위해 무슨 일을 할 수 있는지를 물으십시오.

전 세계의 국민 여러분! 미국이 여러분을 위해 무슨 일을 할 수 있는지를 묻지 마시고, 우리가 함께 인류의 자유를 위해 무슨 일을 할 수 있는지를 물으십시오.

마지막으로, 미국 국민과 전 세계 국민 여러분! 우리가 여러분에게 요구하는 같은 정도의 힘과 희생을 여기 있는 우리에게 요구하십시오. 양심만이 가장 확실한 보답을 주는 것이며, 역사만이 우리 행위에 대한 최종적인 심판자이므로, 우리는 하느님의 축복과 은총을 빌면서, 한편으로는 또 이 지구상의 하느님이란 진실로 우리 자신의 일이라는 것을 깨달으면서, 우리가 사랑하는 이 나라를 이끌고 전진합시다.

미국 제42대 빌 클린턴 대통령 1기 취임사

(1993년 1월 20일)

빌 클린턴이 미국의 제42대 대통령으로 취임 선서를 합니다. 빌 클린턴이 미국의 제42대 대통령으로 취임하는 첫 취임식이 1993년 1월 20일 수요일 워싱턴 D.C.의 미국 국회의사당 서쪽 전선에서 열렸습니다. 이 대통령은 52번째 취임식이었으며, 빌 클린턴이 대통령으로, 앨 고어가 부통령으로 취임한 첫 번째 임기가 시작되었음을 알렸습니다. 클린턴은 첫 취임 당시 46세 154일의 나이로 세 번째로 젊은 나이에 대통령이 된 사람이자 베이비붐 세대에서는 첫 번째 대통령이 되었다.

〈제42대 빌 클린턴 대통령 1기 취임사 전문〉

친애하는 국민 여러분:

오늘 우리는 미국 재생의 신비를 기념합니다.

이 의식은 한겨울에 열립니다. 그러나 우리가 하는 말과 우리가 세상에 보여주는 얼굴로 우리는 봄을 강요합니다. 세계에서 가장 오래된 민주주의 국가에서 다시 태어난 봄은 미국을 재창조하기 위한 비전과 용기를 불러일으킵니다.

미국의 건국자들이 세계의 독립을 담대하게 선언하고 전능하신 분께 미국의 목적을 선언했을 때, 그들은 미국이 지속되려면 변화해야 한다는 것을 알았습니다. 변화를 위한 변화가 아니라 미국의 이상을 보존하기 위한 변화입니다. 생명, 자유, 행복 추구. 우리는 우리 시대의 음악에 맞춰 행진하지만, 우리의 사명은 시대를 초월합니다. 미국인의 각 세대는 미국인이 된다는 것이 무엇을 의

미하는지 정의해야 합니다.

미국을 대표하여 저는 저의 전임자인 부시 대통령이 반세기 동안 미국을 위해 봉사한 것에 대해 경의를 표합니다. 그리고 저는 굳건함과 희생으로 대공황, 파시즘, 공산주의를 이겨낸 수백만 명의 남성과 여성에게 감사드립니다.

오늘날 냉전의 그늘 속에서 자란 한 세대는 자유의 햇살로 따뜻해졌지만, 여전히 오랜 증오와 새로운 전염병의 위협을 받고 있는 세상에서 새로운 책임을 맡고 있습니다.

타의 추종을 불허하는 번영 속에서 성장한 우리는 여전히 세계 최강의 경제를 물려받았지만, 사업 실패, 임금 정체, 불평등 심화, 국민 간의 깊은 분열로 인해 약화되어 있습니다.

조지 워싱턴이 제가 방금 지키겠다고 맹세한 선서를 처음 했을 때, 뉴스는 말을 타고 육지를 가로질러 배를 타고 바다를 건너 천천히 전해졌습니다. 이제 이 의식의 광경과 소리는 전 세계 수십억 명에게 즉시 방송됩니다.

통신과 상거래는 글로벌합니다. 투자는 유동적입니다. 기술은 거의 마법에 가깝습니다. 그리고 더 나은 삶에 대한 야망은 이제 보편적입니다. 우리는 전 세계 사람들과 평화롭게 경쟁하며 생계를 꾸려 나갑니다.

심오하고 강력한 힘이 우리의 세계를 뒤흔들고 재창조하고 있으며, 우리 시대의 시급한 질문은 우리가 변화를 적이 아닌 친구로 만들 수 있는가 하는 것입니다.

이 새로운 세계는 이미 그 안에서 경쟁하고 승리할 수 있는 수백만 미국인의 삶을 풍요롭게 했습니다. 그러나 대부분의 사람이 더 적은 비용으로 더 열심히 일할 때; 다른 사람들이 전혀 일할 수 없을 때; 의료비가 가정을 황폐화시키고 크고 작은 많은 기업을 파산시킬 위기에 처할 때; 범죄에 대한 두려움이 법을 준수하는 시민들의 자유를 빼앗을 때; 그리고 수백만의 가난한 어린이들이 우리가 그들을 이끌도록 부르고 있는 삶을 상상조차 할 수 없을 때, 우리는 변화를 우리의 친구로 삼지 않았습니다.

우리는 어려운 진실에 직면하고 강한 발걸음을 내딛어야 한다는 것을 압니다. 그러나 우리는 그렇게 하지 않았습니다. 오히려 우리는 표류해 왔으며, 그 표류는 우리의 자원을 침식하고, 경제를 분열시키고, 우리의 자신감을 흔들어 놓았습니다.

우리의 도전은 두려운 것이지만 우리의 강점 또한 두려운 것입니다. 그리고 미국인들은 언제나 쉼 없고, 탐구적이며, 희망에 찬 국민이었습니다. 우리는 우리보다 앞서 가신 분들의 비전과 의지를 오늘 우리의 임무에 적용해야 합니다.

우리의 혁명, 남북전쟁, 대공황, 그리고 민권운동에 이르기까지, 우리 국민은 이러한 위기를 딛고 우리 역사의 기둥을 건설하기 위한 결의를 항상 굳게 다져왔습니다. 토마스 제퍼슨은 미국의 근간을 지키기 위해서는 때때로 극적인 변화가 필요하다고 믿었습니다. 국민 여러분, 지금은 우리의 시대입니다. 그것을 받아들입시다.

우리의 민주주의는 세계의 부러움을 살 뿐만 아니라

우리 자신의 쇄신의 엔진이 되어야 합니다. 미국에 대한 옳은 일로 치료될 수 없는 잘못은 없습니다.

그래서 오늘 우리는 교착 상태와 표류의 시대를 종식시킬 것을 맹세합니다. 미국 재생의 새 시즌이 시작되었습니다. 미국을 쇄신하기 위해서는 대담해져야 합니다. 우리는 어떤 세대도 이전에 하지 않았던 일을 해야 합니다. 우리는 우리 국민, 그들의 일자리, 그들의 미래에 더 많이 투자해야 하며, 동시에 막대한 부채를 줄여야 합니다. 그리고 우리는 모든 기회를 얻기 위해 경쟁해야 하는 세상에서 그렇게 해야 합니다. 쉽지는 않을 것입니다. 그것은 희생을 요구할 것입니다. 그러나 그것은 행해질 수 있으며, 공정하게 행해질 수 있으며, 그 자체를 위해서가 아니라 우리 자신을 위해 희생을 택할 수 있습니다. 우리는 가족이 자녀를 부양하듯이 국가를 부양해야 합니다.

우리의 창립자들은 후세의 빛 속에서 자신들을 보았습니다. 우리는 그 이하도 할 수 없습니다. 어린아이의 눈이 잠에 빠지는 것을 본 적이 있는 사람이라면 누구나 후손이 무엇인지 알 것이다. 후세는 다가올 세상입니다. 우리가 우리의 이상을 간직하고, 우리가 지구를 빌렸으며, 우리가 신성한 책임을 지고 있는 세계. 우리는 미국이 가장 잘하는 일, 즉 모두에게 더 많은 기회를 제공하고 모두에게 책임을 요구하는 일을 해야 합니다.

정부나 서로에게 아무 대가 없이 무언가를 기대하는 나쁜 습관을 깨뜨려야 할 때입니다. 우리 모두가 우리 자신과 가족뿐만 아니라 지역 사회와 국가를 위해 더 많은 책임을 지도록 합시다. 미국을 쇄신하기 위해서는 민주주의에 새로운 활력을 불어넣어야 합니다.

문명이 시작된 이래 모든 수도가 그렇듯이 이 아름다운 수도는 종종 음모와 계산의 장소이기도 합니다. 권력 있는 사람들은 지위를 차지하기 위해 움직이고, 누가 들어오고 누가 나가는지, 누가 올라가고 누가 내려가는지에 대해 끝없이 걱정하며, 수고와 땀으로 우리를 여기로 보내어 우리의 길을 찾아오는 사람들을 잊어버립니다.

미국인들은 더 나은 대우를 받을 자격이 있으며, 오늘

날 이 도시에는 더 나은 삶을 살고자 하는 사람들이 있습니다. 그래서 저는 이곳에 모인 우리 모두에게 권력과 특권이 더 이상 국민의 목소리를 억누르지 않도록 정치를 개혁하겠다는 결의를 다집시다. 고통을 느끼고 미국의 약속을 볼 수 있도록 개인적 이득을 제쳐두자. 프랭클린 루즈벨트가 "대담하고 끈질긴 실험"이라고 불렀던 것, 우리의 어제가 아닌 내일을 위한 정부를 만들기 위해 우리 정부를 만들겠다고 결의합시다. 이 자본을 그것이 속한 사람들에게 돌려줍시다.

미국을 쇄신시키기 위해 우리는 국내뿐만 아니라 해외에서도 도전에 맞서야 합니다. 더 이상 외국적인 것과 국내적인 것 사이의 구분은 없다. 세계 경제, 세계 환경, 세계 에이즈 위기, 세계 군비 경쟁; 그들은 우리 모두에게 영향을 미칩니다.

오늘날 낡은 질서가 지나가면서 새로운 세계는 더 자유로워졌지만 덜 안정되었다. 공산주의의 붕괴는 오래된 적대감과 새로운 위험을 불러일으켰다. 분명 미국은 우리가 그토록 많은 노력을 기울인 세계를 계속 이끌어나가야 합니다.

미국이 국내에서 재건하는 동안, 우리는 이 새로운 세계의 도전에서 물러서거나 기회를 포착하는 데 실패하지 않을 것입니다. 우리는 우방국 및 동맹국들과 함께 변화가 우리를 집어삼키지 않도록 변화를 이루기 위해 노력할 것입니다.

우리의 중대한 이익이 도전받거나 국제사회의 의지와 양심이 반발될 때, 우리는 행동에 나설 것입니다. 가능할 때는 평화적 외교로, 필요할 때는 무력으로. 오늘날 페르시아만에서, 소말리아에서, 그리고 그들이 서 있는 모든 곳에서 우리나라를 위해 봉사하고 있는 용감한 미국인들은 우리의 결의를 보여주는 증거입니다.

그러나 우리의 가장 큰 강점은 많은 나라에서 여전히 새로운 아이디어의 힘입니다. 세계 곳곳에서 우리는 그들이 포용하는 것을 보고 기뻐합니다. 우리의 희망, 우리의 마음, 우리의 손은 민주주의와 자유를 건설하고 있는 모든 대륙의 사람들과 함께 합니다. 그들의 대의가 곧 미국의 대의입니다.

미국 국민은 오늘 우리가 축하하는 변화를 불러일으켰습니다. 당신은 틀림없는 합창으로 목소리를 높였습니다. 여러분은 역사적인 숫자로 투표를 하셨습니다. 그리고 여러분은 의회의 모습과 대통령직, 그리고 정치 과정 자체를 바꾸어 놓았습니다. 그렇다, 당신, 나의 동료 미국인들은 봄을 강요했다. 이제 우리는 계절이 요구하는 일을 해야 합니다.

이제 저는 제 직분의 모든 권위를 가지고 그 사업으로 향합니다. 저는 의회가 저와 함께 할 것을 요청합니다. 그러나 어떤 대통령도, 의회도, 정부도 단독으로 이 임무를 수행할 수 없습니다. 국민 여러분, 여러분도 우리의 쇄신을 위해 자신의 역할을 다해야 합니다. 저는 새로운 세대의 미국 젊은이들에게 봉사의 계절을 맞이할 것을 촉구합니다. 문제가 있는 아이들을 돕고, 도움이 필요한 사람들과 어울리고, 분열된 지역 사회를 다시 연결함으로써 이

상주의에 따라 행동하는 것입니다. 해야 할 일이 너무 많습니다. 아직 정신적으로 젊은 수백만 명의 다른 사람들도 봉사에 자신을 바치기에 충분합니다.

봉사할 때, 우리는 서로가 필요하다는 단순하지만, 강력한 진리를 인식하게 됩니다. 그리고 우리는 서로를 돌보아야 합니다. 오늘 우리는 미국을 축하하는 것 이상의 일을 합니다: 우리는 미국이라는 개념 자체에 다시 헌신합니다.

혁명 속에서 탄생한 아이디어는 2세기에 걸친 도전을 통해 새로워졌습니다. 운명을 위해 우리, 운이 좋은 사람과 불행한 사람은 서로였을 수도 있다는 지식에 의해 단련된 생각. 이 생각은 우리나라가 무수한 다양성으로부터 가장 깊은 통합의 척도를 끌어낼 수 있다는 믿음으로 고양된 것입니다. 미국의 길고 영웅적인 여정은 영원히 위로 올라가야 한다는 신념이 담긴 아이디어입니다.

그러므로, 국민 여러분, 21세기의 끝자락에 있는 여러분, 힘과 희망, 신앙과 절제력으로 시작하고, 우리의 일이 완수될 때까지 일합시다. 성경은 "선을 행하다가 지치지 말지니, 이는 우리가 낙심하지 아니할지라도 때가 이르면 거두게 될 것임이니라."고 말합니다.

이 기쁨에 찬 축하의 산 정상에서 우리는 계곡에서 봉사하라는 부름을 듣습니다. 우리는 나팔 소리를 들었습니다. 우리는 가드를 변경했습니다. 그리고 이제, 우리는 각자의 길에서, 그리고 하나님의 도움으로 그 부름에 응답해야 합니다.

감사합니다, 그리고 여러분 모두에게 신의 축복이 있기를 바랍니다.

미국 제42대 빌 클린턴 대통령 2기 취임사

(1997년 1월 20일)

빌 클린턴이 미국의 제42대 대통령으로 취임 선서를 합니다. 빌 클린턴이 미국의 제42대 대통령으로 제2기 취임식이 1997년 1월 20일 워싱턴의 의사당 서편 광장에서 가진 취임식에서 대외정책보다는 국내문제에 중점을, 그리고 구체적인 정책 제시보다는 포괄적인 국가의 비전을 제시했다.

> **〈제42대 빌 클린턴 대통령 2기 취임사 전문〉**
> 제목 : 위대한 미국 21세기 건너갈 다리 놓자

친애하는 국민 여러분. 20세기 마지막 대통령 취임식을 갖는 오늘, 다음 세기에 우리를 기다리고 있는 도전들을 향해 우리 눈을 들어봅시다. 우리는 오래 지켜온 우리 민주주의를 항상 새롭게 지켜나가야 합니다. 약속의 땅을 찾은 선조들의 지혜를 따라 새로운 약속의 땅으로 우리 시야를 넓혀갑시다.

미국의 약속은 18세기 우리는 모두 평등하게 창조됐다는 굳건한 믿음을 바탕으로 태어났습니다. 이 약속은 전 대륙으로 연방을 확대하고 그 추악한 노예제를 폐지시켰던 19세기에도 유지해 왔습니다. 그리고 혼란과 승리의 시기를 거치며 이 약속은 무대를 세계로 넓혀나가 미국의 세기를 만들었던 것입니다.

20세기는 과연 어떠했습니까. 미국은 세계 최강의 산

업국가가 되었고 2차례 대전과 냉전을 거치며 폭정에 빠질뻔한 세계를 구했습니다. 그리고 자유를 갈망하는 세계 전역의 수백만 인류에게 우리와 똑같은 자유의 축복을 안겨주었습니다.

또한 미국인들은 위대한 중산층과 안정된 삶을 가꾸어 냈으며 공립학교를 열어 국민 모두에게 배움의 기회를 제공했고, 원자 시대와 우주 시대를 열고 컴퓨터와 마이크로칩을 발명했으며 아프리칸 미국인들을 비롯한 모든 소수민족의 인권을 혁명적으로 개선해 정의의 샘을 더 깊이 팠습니다. 여성에게도 똑같은 시민권과 기회, 존엄성을 안겨주었습니다.

또 한 번 새로운 세기가 우리 앞에 열리고 있습니다. 새로운 선택의 시간입니다. 19세기를 시작할 때 우리의 선택은 우리 영토를 동서 양쪽 해안까지 넓히는 것이었습니다. 20세기의 선택은 산업혁명을 발판으로 자유기업, 보수주의, 인간의 존엄성 등의 가치를 발전시키는 일이었습니다. 21세기의 새벽을 맞은 지금 우리는 정보화 시대와 지구촌 시대를 만들기 위해 인류의 무한한 잠재력을 동원하고 보다 완벽한 연방을 만드는 새로운 선택을 해야 합니다. 우리가 지난번 새로운 미래에의 행진을 위해 모였을 때는 오늘보다 확실성이 결여돼 있었습니다. 지난 4년간 우리는 비극과 좌절과 성취감을 함께 겪었습니다. 미국은 없어서는 안 될 나라로 지구상에 우뚝 섰습니다. 우리는 다시 한번 지구상에서 가장 강한 경제 대국을 이루었습니다. 또한 보다 강한 가족, 공동체, 교육 기회, 보다 깨끗한 환경을 만들었습니다. 그러나 우리는 다시 한번 정부의 역할을 싸고 큰 논쟁을 벌여야 했습니다. 나는 오늘 정부는 문제도 아니거니와 해결책도 아니라고 선언합니다. 미국 국민 우리가 바로 해결책입니다.

국민 여러분. 우리 선조들은 우리의 자유와 연방을 지키는 일은 바로 책임 있는 시민정신에 달렸다고 가르쳐 주었습니다. 새로운 세기에는 새로운 책임감이 필요합니다. 정부 혼자 힘으로는 해낼 수 없는 일들이 있습니다. 교육, 마약과 폭력을 추방하는 일등이 그렇습니다. 우리가 자신과 자신 가족을 위해서만 아니라 이웃과 국가를 위해 책임을 다해야 합니다.

　과거의 도전들은 미래에도 여전히 문제로 남아 있습니다. 인종차별은 미국이 저주처럼 시달리고 있는 고질병입니다. 계속 밀려오는 이민자들은 인종차별주의자의 새로운 타깃이 되고 있습니다. 종교란 이름이건 정치적 신념이란 이름으로 행해지건 인종차별은 배격돼야 합니다. 이 세력들은 과거에도 그랬고 지금도 우리를 괴롭히고 있습니다. 이들은 광신적인 테러를 부추기고 전세계 수백만 사람들에게 고통을 안겨주고 있습니다. 우리는 이런 어둠의 선동 세력들에게 굴복할 수 없습니다. 이겨내야합니다. 서로를 편안하게 느끼게 해주는 온화한 마음을 가진 사람들이 그 자리를 대신해야 합니다.

　21세기에는 인종, 종교, 정치적 다양성은 신이 주신 선물이 될 것입니다. 서로 다른 사람끼리 새로운 유대를 이루며 살아가면 큰 보상이 뒤따를 것입니다. 벌써 이런 새로운 시대가 열리고 있습니다. 10년 전 인터넷은 물리학

자들만이 알고 있는 신비한 영역이었습니다. 그런데 지금 인터넷은 수백만 명 학생들이 이용하는 백과사전이 돼 있습니다. 과학자들은 지금 인류 생명의 신비까지 벗겨내고 있고 모든 질병을 치료할 수 있는 시대가 다가오고 있습니다.

세계는 이제 더 이상 2개의 적대 그룹으로 나뉘어져 있지 않습니다. 한때 적이었던 국가들과 새로운 유대관계가 만들어지고 있습니다. 인류역사상 처음으로 지구상에 독재보다는 민주주의를 누리는 사람들이 많은 세상이 됐습니다.

이 새로운 약속의 땅에서는 소수 이익이 아니라 국민 목소리가 크게 울려 퍼지도록 정치개혁이 이루어질 것입니다. 모든 미국인이 참여하고 신뢰하는 정치가 만들어질 것입니다. 그러나 잊지 맙시다. 우리가 만들었고 또한 앞으로 만들어 나갈 위대한 진보는 바로 우리의 가슴속에 있다는 것을. 이 세상의 모든 부, 수천의 군대도 인간 정신만큼 강하지도 고상하지도 못합니다. 오늘 우리가 기리는 마틴 루터 킹 목사는 34년 전 우리에게 마치 옛 선지자처럼 미국이 언젠가 다시 일어나 모든 시민이 법과 양심 앞에 평등하게 대접받는 날이 오리라고 얘기했습니다. 킹 목사의 꿈은 미국의 꿈이었고 그의 문제는 또한 우리의 문제였습니다. 우리 역사는 그 같은 꿈과 노력에 의해 건설되었습니다. 그 꿈과 노력은 21세기 미국의 약속을 재현시켜줄 것입니다. 그 같은 노력을 위하여 나는 대통령으로서 나의 모든 힘과 모든 노력을 쏟을 것을 맹세합니다.

나는 의원 여러분께도 이 맹세에 동참해 줄 것을 부탁드립니다. 미국민은 한 정당에서 대통령을 뽑고 다른 정당에서 의회를 선택했습니다. 국민은 자기들이 혐오해 마지않는 정쟁이나 일삼으라고 이같이 하지는 않았을 것입니다. 아닙니다. 국민은 갈등을 치유하고 미국이 부여한 사명을 수행하라고 그렇게 했습니다. 조국은 우리에게 보다 큰일을 요구합니다. "귀중한 시간을 증오와 분열로 낭비하지 말라"는 베르나딘 추기경이 임종때 한 귀중한 지혜를 다시 한번 상기합시다.

  시대는 우리에게 다양하고 많은 것을 요구합니다. 신념과 용기, 인내와 감사하는 마음으로 이 소명에 답해야 합니다. 그래서 오늘의 희망을 역사의 가장 숭고한 장으로 만들어 나갑시다. 우리의 다리를 지읍시다. 모든 미국인이 새로운 약속의 축복받은 땅으로 건너갈 수 있도록 넓고 튼튼한 다리를 만듭시다. 아직 그들의 얼굴도 모르고 이름도 알 수 없는 다가올 세대의 후손들에게 아메리칸 드림으로 충만한 사랑스런 조국을 넘겨줍시다. 20세기가 최고로 꽃핀 바로 이 시간과 장소에서 다시 전진해 나아갑시다. 신이여, 우리 앞에 놓인 일들을 해낼 수 있도록 우리를 튼튼히 해주십시오. 그리고 항상 우리 미국에 축복을 내리소서.

미국 제44대 버락 오바마 대통령 1기 취임사

(2009년 1월 20일)

지난 2009년 1월 20일 미국 제44대 대통령이 제1기 취임식에서 취임사를 하고 있는 버락 오바마 대통령.

오바마 대통령은 의회 의사당 앞에 마련된 취임식장에서 부인 미셸이 들고 있는 에이브러햄 링컨 대통령의 성경에 손을 얹은 채 존 로버츠 대법원장의 안내에 따라 대통령 선서함으로써 정식으로 취임했다.

미국 역사가 시작된 지 232년 만에, 그리고 미국이 대통령을 선출하기 시작한 지 219년 만에 최초로 흑인 대통령으로 새로운 미국의 역사를 쓰기 시작했다.

선서 이후 행한 연설에서 "현재 미국이 겪고 있는 위기 상황에서 공포를 버리고 희망을 취하자."며 국민에게 어려움을 이기고 일어설 것을 주문했다.

오바마는 "미국이 위대한 것은 국민이 건국자들의 이념을 아직 이행 해왔기 때문이다."고 전제하고 "미국이 쇠망한다는 위기에도 공포 대신 희망을, 분열보다 화합을, 그리고 편견을 버리고 우리의 가치를 찾기 위해 전진, 젊은 나라로 미국을 이어가자."고 국민에게 호소했다.

최초의 흑인 대통령임을 강조려는 듯 "평등은 우리의 큰 장점이었고, 자유와 번영으로 가는 기회는 부자와 유명인만을 위한 것이 아니다."면서 "국민 모두가 모든 행복을 얻을 수 있는 기회는 평등하게 주어져야 한다."고 말해 운집한 인파들로부터 열렬한 박수를 받았다.

〈버락 오바마 대통령 1기 취임연설문〉

국민 여러분,

저는 우리 선조들의 희생을 기리는 마음으로, 여러분들이 제게 보내주신 신뢰에 감사하는 마음으로, 그리고 우리 앞에 놓여진 책무를 겸허히 생각하는 마음으로 오늘 이 자리에 섰습니다. 저는 부시 대통령께서 정권 인수 과정에서 보여주신 아낌없는 배려와 협력, 그리고 그동안 나라를 위해 헌신하신 데 대해 감사를 드립니다.

이제 저를 포함해 마흔네 명의 대통령이 취임 선서를 하게 된 셈입니다. 많은 선서는 떠오르는 번영의 조류와 잔잔한 평화의 물결 시대에 행해졌지만, 때로 어떤 선서는 먹구름이 잔뜩 끼고 성난 폭풍우가 몰아치는 시대에 행해지기도 합니다. 지금까지 미국은 잘 꾸려져 왔습니다. 오로지 대통령과 그 참모들의 기술이나 비전 덕분이 아니라 그들을 포함한 모든 국민 스스로가 선조들의 이상과 건국

문서들의 이념에 충실했었기 때문입니다.

지금껏 그래 왔듯이 현세대의 미국에서도 그래야 합니다.

우리 모두 현재 위기의 한가운데 있다는 사실을 잘 알고 있습니다. 우리나라는 그물처럼 폭넓게 뻗은 폭력 및 증오와 전쟁 중입니다. 우리의 경제는 일부의 탐욕과 무책임, 그리고 새로운 시대를 준비하고 어려운 결정들을 내리는 데 총체적으로 실패한 결과 매우 약해졌습니다. 가족들은 집을 잃고, 근로자들은 직장에서 해고당하고, 기업들은 문을 닫았습니다. 의료비용은 너무나 비싸고, 학교들은 거듭 실패하고, 우리가 힘을 사용하는 (그릇된) 방식이 우리의 적들을 강화시키고 전 세계를 위협하고 있다는 더 많은 증거가 매일 같이 속속 드러나고 있습니다.

이러한 것들은 바로 각종 자료와 통계를 바탕으로 한 위기의 신호입니다. 자신감의 고갈은 측정하기 힘들지만 매우 심각합니다. 쇠락을 피할 수 없다는 두려움, 다음 세대는 목표를 낮추어야 할 것이라는 두려움이 미국 전역을 사로잡고 있습니다.

오늘 저는 여러분들에게 말씀드립니다. 우리가 처한 도전들은 현실이고, 심각할 뿐만 아니라, 또한 매우 많다는 것을 말입니다. 그 도전들은 쉽게 또는 짧은 기간에 해결되지는 않을 것이지만 이것만은 알아두십시오. 우리는 결국 해낼 것입니다.

오늘 우리는 두려움보다는 희망을 선택했고, 갈등과 불화보다는 목적을 위한 단결을 선택했기 때문에 여기 모였습니다.

오늘 우리는 우리의 정치를 오랫동안 옥죄어 왔던 사소한 불만들과 거짓 공약들, 상호 비방과 낡은 도그마들에 종식을 선언하기 위해 여기에 왔습니다.

미국은 여전히 젊은 나라지만 이제는 성경 말씀대로 유치함을 버릴 때가 왔습니다.

우리의 인내심을 다시 확인할 때가, 더 나은 역사를 선택할 때가, 세대를 지나면서 물려받은 소중한 선물인 고귀한 이상을 계속 앞으로 넘겨줄 때가 왔습니다. 즉 만인은 평등하고 자유로우며 또한 모두 충분한 행복을 추구할 기회를 가질 자격이 있다는 천부의 약속 말입니다.

미국의 위대함을 다시금 확인하면서 우리는 그 위대함이 결코 저절로 주어진 것이 아니라는 사실을 압니다. 우리의 여정은 결코 지름길이나 작은 성과에 안주하는 길들 중의 하나를 걸어온 것이 아니었습니다. 그 길은 결코 일보다는 여가를 선호하거나 부와 명예의 기쁨만을 추구하는 소심한 자들의 길이 아니었습니다. 오히려 그 길은 위험을 무릅쓰는 이들, 행동하는 이들, 무언가를 만들어내는 이들의 길이었습니다. 그들 중 몇몇은 유명했지만, 대부분은 자신들의 분야에서 드러나지 않은 채 묵묵히 자유와 번영을 위한 길고 험난한 길을 우리와 함께 걸었습니다.

우리를 위해, 그들은 자신들의 얼마 안 되는 재산을 꾸려 새 인생을 찾아 대양을 건넜습니다. 우리를 위해, 그들은 공장에서 힘들게 일하고 서부에 정착해서 채찍질을 감내하며 황야를 일궜습니다.

우리를 위해, 그들은 싸웠고, 또 콩코드와 게티스버그,

노르망디와 케산 같은 곳에서 목숨을 바쳤습니다. 우리가 더 나은 삶을 살 수 있도록 몇 번이고 되풀이해서 이런 분들은 자신들 손의 살갗이 벗겨질 때까지 분투하고, 희생하고, 일했습니다. 그들은 우리 미국을 각 개인의 야망을 모두 합한 것보다 더 큰 나라, 태생과 빈부와 당파의 차이를 뛰어넘는 더 위대한 나라로 생각했습니다.

이것이 바로 오늘날 우리가 계속 걸어가고 있는 여정입니다. 우리는 여전히 지구상에서 가장 번영되고 가장 강력한 나라입니다. 우리의 근로자들은 이 위기가 시작됐을 때와 다름없이 생산적입니다. 지난주, 지난달, 아니 지난해와 다름없이 여전히 우리의 정신은 창의적이고 우리의 재화와 용역을 모두가 필요로 합니다. 우리의 역량은 여전히 줄어들지 않았습니다. 하지만 자기 의견을 고집하거나 편협한 이익을 보호하거나 불쾌한 결정들을 뒤로 미루는 그런 시기는 분명히 지나갔습니다. 오늘부터 우리는 스스로를 추스려 힘을 내고 먼지를 털고 일어나 미국을 재건하는 일을 다시 시작해야 합니다.

어디를 둘러봐도 해야 할 일은 있습니다. 경제 상황은 대담하고 신속한 행동을 요구하고 있습니다. 우리는 그러한 요구에 부응해 새로운 일자리를 창출하고 성장을 위한 새로운 기반을 만들기 위해 행동할 것입니다. 우리는 상업에 활력을 불어넣고 우리를 보다 가깝게 묶어줄 도로와 교량, 전력망과 디지털 통신망을 건설할 것입니다. 우리는 과학을 제자리로 돌려놓을 것입니다. 우리는 의료 체계의 질을 향상시키면서 비용은 낮출 신기술들을 활용할 것입니다. 우리는 태양과 바람, 토양을 이용해 자동차에 연료를 제공하고 공장을 가동할 것입니다. 그리고 우리는 새 시대의 요구에 부응할 수 있도록 각종 학교와 대학을 개혁할 것입니다. 이 모든 것을 우리는 할 수 있고 또 할 것입니다.

그런데 우리가 밝힌 포부의 규모에 대해 우리의 시스템은 그렇게 많은 거대한 계획들을 감내할 수 없다며 의심을 품는 사람들이 있습니다. 그러나 그들은 자신들의 짧은 기억력을 탓해야 합니다. 왜냐하면 그들은 이 나라가 이미 해낸 일들, 즉 상상력이 공동 목표와 결합했을 때, 그리고 필요와 용기가 결합했을 때 자유인들이 해낸 일들이 무엇인지를 잊어버렸기 때문입니다.

냉소주의자들은 자신들 아래에 위치한 근본적인 기반이 변했다는 사실과 우리를 오랫동안 소모적으로 이끌어왔던 진부한 정치적 주장들을 더 이상 적용할 수 없다는 사실을 이해하지 못했습니다. 오늘날 우리가 던지는 질문은 큰 정부인가 작은 정부인가 하는 게 아니라 정부가 제대로 기능하고 있는가 하는 것입니다. 즉 정부가 가족들로 하여금 타당한 보수의 직업을 찾을 수 있도록, 여유가 되는 보살핌을 받을 수 있도록, 또는 품위 있는 은퇴생활을 할 수 있도록 돕고 있는가 하는 것입니다. '예'라는 대답이 있는 곳을 향해 우리는 전진할 것입니다만, '아니오'라는 대답이 있는 곳에서는 우리는 준비한 프로그램들을 끝낼 것입니다. 공공자금을 관리하는 이들은 책임지고 돈을 현명하게 지출하고 악습들을 개혁하고 투명하게 일을 처리하게 될 것입니다. 왜냐하면 그럴 때에만 비로소 국민과 정부 사이에 중요한 신뢰가 회복될 수 있기 때문입니다.

또한 우리 앞에 놓인 문제는 시장이 선을 위한 힘인지 악을 위한 힘인지에 관한 것이 아닙니다. 부를 창출해내고 자유를 확산시키는 시장의 힘은 비길 데 없이 막강합니다. 하지만 이번 위기를 통해 우리는 감시의 눈이 없을 때는 시장이 통제를 벗어나 추락할 수도 있다는 사실과 더불어 한 나라가 부유한 이들에게만 호의를 베풀 때 지속된 번영을 누릴 수 없다는 사실을 깨달을 수 있었습니다.

우리 경제의 성공은 항상 국내총생산의 크기에만 의존하는 것이 아닙니다. 자선에 기인하지 않고 공동의 선에 도달하는 가장 확실한 길이기 때문에, 의욕을 가진 모든 이들 한 사람 한 사람에게까지 기회를 확장시키는 우리의 능력과 번영을 골고루 누리는 범위에도 우리 경제의 성공 여부는 달려 있습니다.

안보에 관해서 우리는, 안전과 이상 사이에서 한 가지만을 선택하는 것은 잘못으로 간주하고 거부할 것입니다. 우리가 좀처럼 상상하기 힘든 위험과 맞닥뜨리곤 했던 건국의 아버지들은 인권과 법률을 보장하는 헌장을 기초했고 이 헌장은 세대를 거치면서 흘린 피에 의해 신장되었습니다. 그러한 이상들은 여전히 이 세상을 밝게 비추고 있으며 우리는 단순히 편의를 위해 그것들을 포기하지 않을 것입니다.

그리고 대국들의 수도에서 제 아버지가 태어난 곳과 같은 작은 마을에 이르기까지 오늘 이 자리를 지켜보고 있는 모든 다른 나라의 정부와 국민에게 말씀드립니다. 평화와 품위 있는 미래를 추구하는 모든 나라와 남녀노소에게 미국은 친구라는 사실과 우리 미국이 다시 한번 앞장서 나갈 준비가 되어 있다는 사실을 알아야 합니다. 그리고 앞선 세대들이 미사일과 탱크가 아닌 견고한 동맹과 영속적인 신념들을 통해 파시즘과 공산주의를 제압했던 사실을 떠올려 보십시오. 그분들은 힘만으로는 우리 자신을 보호할 수 없으며 또한 힘만으로는 우리가 원하는 대로 할 수 있는 권한을 부여받을 수 없다는 점을 이해하고 있었습니다. 대신 그분들은 우리가 힘을 신중히 사용함으로써 힘이 더 커진다는 사실과 함께 우리가 가진 대의의 정당함과 본보기로서의 힘과 겸손과 절제의 유연한 자질로부터 우리의 안보가 확보될 수 있다는 사실을 알고 있었던 것입니다.

우리는 그러한 유산의 수호자들입니다. 다시 한번 이런 원칙들에 의해 인도됐을 때 우리는 세계 각국의 더 많은 노력과 더 많은 협력과 이해를 요구하는 새로운 위협들에 대해 대처해 나갈 수 있을 것입니다. 우리는 책임 있게 이라크를 이라크 국민에게 넘겨주고 어렵게 얻어낸 아프가니스탄의 평화도 굳건히 벼리기 시작할 것입니다. 우리는 오래된 우방들은 물론이고 과거의 적국들과도 함께 손을 맞잡아 핵 위험을 줄이고 지구 온난화의 망령을 쫓아내기 위해 쉬지 않고 노력할 것입니다. 그러나 우리는 우리의 방식에 대해 사과하지는 않을 것이고 그러한 방식을 고수하는 데 망설이지 않을 것입니다. 그리고 테러를 유도하고 무고한 시민들을 살해함으로써 자신들의 목적을 진전시키려는 이들에게는 이렇게 말할 것입니다. 우리의 정신력은 그들보다 더 강력해서 깨어지지 않을 것이며 그들은 우리보다 더 오래 지속될 수가 없기에 결국 우리는 그들을 패퇴시킬 것이라고 말입니다.

다양한 뿌리에서 기인한 우리의 전승은 약점이 아니라 강점이라는 사실을 우리는 압니다. 우리나라는 기독교도와 이슬람교도, 유대교도와 힌두교도 그리고 무신론자들로 이루어진 국가입니다. 우리나라는 지구상 곳곳에서 온 다양한 언어와 문화로 이루어졌습니다. 우리는 남북전쟁과 인종차별의 쓰라림을 실컷 맛보았고 또한 보다 강하고 단결된 모습으로 어둠을 가르고 나온 경험이 있습니다. 그렇기 때문에 우리는 오래된 증오가 언젠가는 사라질 것이라는 사실과 종족적 혈통의 끈이 멀지 않아 해소되어 사라질 것이라는 사실, 세계가 점점 작아짐에 따라 공통된 인간성이 저절로 모습을 드러낼 것이라는 사실, 그리고 우리 미국이 새로운 평화의 시대로 안내하는 역할을 반드시 해야 한다는 사실을 믿지 않을 수 없습니다.

이슬람 세계 여러분, 여러분은 우리 미국이 상호이해와 상호 존중에 기반한 새로운 진전된 방식을 추구한다는 사실을 알아야 합니다. 분쟁의 씨앗을 뿌리거나 이슬람 사회 내부의 병폐를 서구의 탓으로 돌리고자 하는 전 세계 이슬람 세계의 지도자들 여러분, 여러분의 국민은 여러분들이 파괴한 것이 아닌 여러분들이 건설한 것을 기초로 여러분들을 판단할 것이라는 사실을 알아야 합니다. 부패와 협잡 그리고 반대자들을 침묵시킴으로써 정권을 유지하려는 자들은 현재 자신들이 역사의 그릇된 쪽에 서 있다는 사실과 더불어 그럼에도 불구하고 그들이 주먹을 펴고 철권통치를 포기하려 한다면 우리는 기꺼이 손을 내밀어 도와줄 것이라는 사실을 알아야 할 것입니다.

가난한 나라의 국민에게 우리는 당신들의 농장을 번성케 하고 깨끗한 물을 흐르게 하며 굶주린 몸과 허기진 마음에 양분을 제공하기 위해 당신들과 나란히 일을 하겠다는 약속드립니다. 또한 우리처럼 비교적 부유한 나라의 국민에게 우리는 더 이상 우리 국경 밖의 고통에 대한 무관심을 보이지 않을 것이며 또한 더 이상 세계의 자원을 결과에 대한 고려 없이 낭비하지 않을 것이라는 말씀드립니다. 왜냐하면 세계는 변했고 또 이에 발맞춰 우리도 변해야 하기 때문입니다.

우리 앞에 펼쳐진 길을 생각할 때면 우리는 바로 이 순간에도 머나먼 사막과 산악지대에서 순찰 활동을 하는 용감한 미국인들을 감사하며 기억합니다. 알링턴 국립묘지에 잠들어 있는 영웅들이 시대를 아우르며 우리에게 끊임없이 속삭여 주듯 오늘날의 그들 또한 우리에게 뭔가 할 말이 있을 것입니다. 그들이 단지 자유의 수호자이기 때문에서가 아니라 자기 자신들보다 더 위대한 무엇으로부터 의미를 찾으려는 봉사 정신을 몸소 체화했기 때문에 우리는 그들에게 경의를 표합니다. 그리고 한 세대를 규정지을 만한 순간인 지금 이 순간, 우리 모두의 마음에 깃들어야 할 정신이야 말로 정확히 바로 이 봉사 정신입니다.

정부가 최대한의 역량으로 일을 해야만 하고 또한 해낼 수 있기 위해 우리나라가 의지할 수 있는 것은 궁극적으로 국민의 신뢰와 결단입니다. 제방이 무너졌을 때 낯선 이를 집안에 들이는 친절함이나 친구가 직장을 잃는 걸 보기보다는 자신의 근로 시간을 줄이려 하는 무욕의 마음도 우리로 하여금 가장 어두운 시간을 날 수 있게 하는 덕목들일 것입니다. 연기로 가득 찬 계단에 뛰어드는 소방관의 용기나 아이를 키우는 부모의 마음 또한 결국 우리의 운명을 결정할 것입니다.

새로운 도전들이 우리를 기다리고 있습니다. 우리가 그 도전을 맞이할 때 사용할 도구들도 새로울 겁니다. 하지만 우리의 성공이 달려 있는 덕목들, 정직, 근면, 용기, 공정성, 관용, 호기심, 충성, 애국심과 같은 덕목들은 오래 된 것들입니다. 이러한 것들은 진실된 것들입니다. 우리의 역사를 면면히 내려오며 이러한 덕목들은 진보의 조용한 힘이 되어 왔습니다. 필요할 때 요구되는 것이 바로 이런 진실된 덕목들로 복귀하는 것입니다. 지금 우리에게 필요한 것은 새 시대의 책임감, 즉 모든 미국인이 자기 자신과 조국 그리고 전 세계에 대한 의무를 인식하는 것입니다. 여기서 의무란 마지못해 응낙하는 의무가 아닐 뿐더러 어려운 책무에 우리의 모든 것을 내맡기는 그런 것이라기보다는 우리의 정신을 만족시키고 우리의 기질을 정의하는 데 있어 이만한 것이 없다는 사실에 대한 이해와 함께 기꺼이 그리고 단호히 받아들이는 그런 의무를 말합니다.

이것이 바로 시민권에 대한 대가이자 약속입니다.

이것이 바로 우리의 자신감 원천이자 하느님이 우리로 하여금 불확실한 운명을 스스로 개척해 나가기를 요구하셨다는 사실을 아는 것입니다.

이것이 바로 우리의 자유와 신조의 의미이자 인종과 신념에 상관없이 모든 남녀노소가 이 거대한 취임식 행사에 참석할 수 있는 이유, 그리고 불과 60년 전 동네 식당조차 출입할 수 없었던 아버지를 둔 제가 여러분 앞에 이렇게 서서 신성한 선서를 할 수 있게 된 이유입니다.

다 함께 우리가 현재 누구이며 또 우리가 얼마나 먼 길을 여행해 왔는지를 기억하며 오늘을 표시해 둡시다. 미국이 건국되는 해의 가장 추웠던 달에 한 무리의 애국자들은 얼어붙은 강가의 꺼져가는 모닥불 옆에 몸을 움츠리고 모였습니다. 수도는 버려졌고 적군은 전진하고 있었습니다. 눈은 피로 물들었습니다. 혁명의 결과에 대해 가장 강한 의구심이 피어오르는 그 순간 우리 건국의 아버지들은 다음 글을 국민에게 읽게 하였습니다.

"오직 희망과 미덕만이 살아남을 수 있는 한겨울이었지만 공동의 위험에 놀란 도시와 농촌이 모두 그 위험에 맞서기 위해 나섰다는 사실을 미래 세대에게 들려 주도록 합시다."

이것이 바로 미국입니다. 공동의 위험에도 불구하고, 이러한 역경의 겨울에도 불구하고, 이 불멸의 구절들을 기억하도록 합시다. 희망과 미덕을 가지고 다시 한번 살을 에는 듯한 조류에 용감히 맞섭시다. 그리고 어떤 폭풍우가 다가오더라도 참고 견딥시다. 우리가 시험에 들게 됐을 때 우리는 이 여정을 끝내기를 거절했다고, 결코 등을 돌리거나 뒷걸음치지 않았다고 우리 아이들의 아이들로 하여금 말할 수 있게 합시다. 그리고 신의 은총과 함께 지평선을 꿋꿋이 응시하면서 전진해 나갔기에 자유라는 위대한 선물을 미래 세대들에게 안전히 전달해 줄 수 있었다고 말할 수 있게 합시다.

감사합니다. 여러분과 미국에 하느님의 축복이 내리기를 빕니다.

미국 제44대 버락 오바마 대통령 2기 취임사

(2009년 1월 20일)

지난 2013년 1월 20일 미국 제44대 대통령이 제2기 취임식에서 버락 오바마 미국 대통령이 미국 워싱턴D.C. 의회 의사당에서 거행된 57대 미 대통령 공식 취임식에서 취임사를 하고 있다.

〈버락 오바마 대통령 2기 취임연설문〉

부통령 바이든, 대법원장님, 미 의회의 의원 여러분, 내외빈 그리고 국민 여러분.

매번 우리는 영속적인 헌법에 대한 증인이 되도록 우리가 선출한 대통령을 취임시키기 위하여 모입니다. 우리는 우리의 민주주의의 약속을 지지합니다.

우리는 이 나라를 결속케 하는 것은 우리의 피부색도 아니고, 우리의 신앙의 교리도 아니고 우리의 가문 혈통도 아니라는 걸 기억합니다. 우리를 남다르게 만드는 것, 우리를 미국인으로 만드는 것은 200년도 훨씬 전에 만들어졌던 독립선언서 안에서 서로 연결되어 있는 그 어떤 이상에 대한 우리의 헌신입니다 :

"우리는 - 만인은 동등하게 창조되었다. 그들은 창조주에 의하여 양도할 수 없는 확고한 권리를 부여받았다. 그리고 생명과 자유와 행복의 추구권은 이러한 것들 안에

존재 한다 - 라고 하는 진리를 자명한 것으로 신봉한다."

오늘 우리는 그러한 언약을 우리 시대의 현실과 연결하기 위한 결코 끝나지 않을 여정을 계속합니다. 역사가 우리에게, 이러한 진리들은 자명하지만, 그 진리들은 자동적으로 실행되어오지 않았다고 말하기 때문에, 자유는 신으로부터 받은 선물이지만 이것은 이 지구상에 있는 우리에 의하여 지켜져야 합니다. 1776년의 그 애국자들은 영국 왕의 폭정을 소수자의 이권이나 또는 폭도들의 통치로 바꾸기 위해서 싸운 것은 아닙니다. 그들은 다음 세대들이 우리의 건국이념을 안전하게 지킬 것을 위임하면서 우리에게 국민의, 국민에 의한 그리고 국민을 위한 민주주의 정부를 주었습니다.

그리고 200년도 더 되는 기간 동안 우리는 그것을 지켜왔습니다.

채찍과 칼에 의하여 흘린 피를 통하여 우리는 민주주의와 평등의 원리 위에서 세워진 나라는 결코 반노예 반자유의 상태로는 생존할 수 없다는 걸 배웠습니다. 우리는 우리 자신들을 새롭게 만들었고, 그리고 앞으로 함께 나아가기로 서약하였습니다.

우리는 함께, 현대의 경제는 여행과 통상의 속도를 올리기 위해 철도나 고속도로를 요구하고 우리의 노동자들을 교육시키기 위해 학교와 대학들을 요구한다고 우리는 함께 결정하였습니다.

우리는 함께, 자유 경쟁시장은 경쟁과 공정한 운영을 보장하는 규칙이 있을 때만 번창한다는 걸 발견하였습니다.

위대한 국가는 힘 없는 사람들을 돌봐야 하고 국민을 삶의 최악의 위험과 불행으로부터 보호해야 한다고 우리는 함께 다짐하였습니다.

이 모든 것을 통해서 결코 우리는 중앙 권력에 대한 회의주의를 포기하지도 않았고 모든 사회악은 정부만에 의해서 치유될 수 있다는 허구주의에 굴복하지도 않았습니다. 우리의 선도와 진취 정신에 대한 찬양과 근면함과 개인의 책임에 대한 고집스러움은 우리의 특질 속에서 변함이 없습니다.

그러나 우리는 시대가 변함에 따라 우리도 변해야 한다는 것을 항상 이해하고 있었습니다. 우리의 건국이념은 새로운 난관들에 대한 새로운 응전을 요구한다는 것에 대한 신봉의 정신을 이해해 왔습니다. 우리 개개인의 자유를 지키는 것은 결합된 공동의 행동을 궁극적으로 요구한다는 것을 항상 이해해 왔습니다. 미국인이 홀로 행동하는 것에 의하여 오늘날 세계의 요구를 더 이상 충족시킬 수 없다는 것은 미국 군대가 구식 총과 시민군만 가지고 파시즘과 공산주의에 맞설 수 없는 것과 같습니다. 개인 한 사람이 우리의 아이들을 미래를 위해 준비시킬 모든 수학 과학 선생님들을 훈련시킬 수 없고 이 나라에 새로운 직장과 사업을 창출하게 될 도로와 연결망과 연구실을 한 개인이 건설할 수는 없습니다. 더욱더 우리는 이러한 일들을 한 국가로서 한 국민으로서 함께 해야 합니다.

미국의 현세대는 우리의 결의를 강철같이 굳건하게 하고 우리의 회복력을 증명하기 위한 위기에 의하여 단련되어왔습니다. 10년 간의 전쟁은 이제 끝납니다. 경제의 회복이 이미 시작되었습니다. 미국의 가능성은 끝이 없습니다. 왜냐하면 경계 없는 이 세계가 요구하는 모든 특질을 우리는 가지고 있기 때문입니다 : 젊음과 추진력 ; 다양성과 개방성 ; 모험을 위한 무한한 능력과 재발명을 위한 천부적 재능 이러한 것들을 말입니다. 국민 여러분, 우리는 이 순간을 위하여 준비되었습니다. 그리고 우리는 이 순간을 붙잡을 것입니다. 이 순간을 우리가 힘을 합쳐서 함께 붙잡는다면 말입니다.

줄어들고 있는 소수자들이 잘살고 점점 늘어나는 다수가 간신히 살아간다면 우리나라는 성공하지 못한다는 걸 우리 국민은 알고 있습니다. 미국의 번영은 부상하고 있는 중산층의 넓은 어깨 위에 놓여 있어야 한다는 것을 우리는 믿습니다. 모든 사람이 그들의 일속에서 자립심과 자긍심을 발견할 때, 정직한 노동에 대한 임금이 모든 가정을 역경의 벼랑 끝에서 자유롭게 할 때 미국은 번성할 것이라는 걸 우리는 알고 있습니다. 열악한 가난 속에서 태어난 한 작은 소녀가 미국인이기 때문에 다른 모든 사람처럼 성공할 수 있는 똑같은 기회를 가지고 있다는 걸 알 때 우리는 우리의 신념을 믿을 겁니다. 그녀는 자유롭습니다. 그녀는 동등합니다. 하느님의 눈에 비추어서뿐 아니라 우리의 눈에 비추어서도 말입니다.

이미 낡아빠진 제도는 우리 시대의 요구에 어울리지 않는다는 것을 우리는 압니다. 그러므로 우리는 우리의 정부를 재정비시키기 위하여 새로운 아이디어와 기술을 이용해야 하고 우리의 세금 제도를 개조해야 하고 우리의 학교들을 재정비해야 하며 우리 국민이 더 열심히 일하고 더 많이 배우고 더 높이 오를 수 있도록 그들이 필요로 하는 기술로 강화시켜야 합니다. 그러나 그 수단은 바뀔지라도 우리의 목표는 변함없습니다. 모든 개개인의 노력과 결단력에 보상을 하는 국가. 그것이 이 시대가 요구하는 것입니다. 그것이 우리의 신념에 대하여 진정한 의미를 부여하는 것입니다.

우리는 모든 국민은 기본적인 안정과 존엄성을 가질 자격이 있다고 믿습니다. 우리는 건강관리 비용과 우리의 부채를 줄이기 위해 힘든 결정을 해야 합니다. 그러나 이 나라를 건설하는 세대를 돌보는 것과 이 나라의 미래를 건설하게 될 세대에게 투자하는 양단의 사이에서 미국은 선택해야 한다는 믿음을 우리는 거부 하였습니다. 여명기의 수년 동안이 빈곤 속에서 지나갔을 때, 장애를 가지고 있는 한 아이의 부모가 어디에도 돌아볼 곳이 없었을 때인 우리의 과거로부터의 교훈을 기억하기에. 우리는 이 나라에서 자유는 운 좋은 사람들과 또는 소수의 행복을 위하여 보존되는 것이라고 믿지 않습니다.

우리가 아무리 책임 있게 우리의 삶을 영위한다 할지라도 우리 중 누구도 어느 때라도 실직과 급작스러운 질병과 또는 끔찍한 폭풍 속에서 집이 날아가는 경우에 직면할 수 있다는 걸 인식하고 있습니다. 의료보험과 의료 및 사회보장제도를 통한 서로 간의 약속들, 이러한 것들은 우리의 진취적인 정신을 약화시키지는 않고 우리를 강하게 만듭니다. 그것들은 우리를 수취인의 나라로 만들지 않습니다; 그것들은 이 나라를 위대하게 만드는 위험을 기꺼이 감수하도록 자유롭게 만듭니다.

우리는 미국인으로서 우리의 의무가 우리 자신만을 위한 것이 아니라 우리의 자손들을 위한 것이라고 여전히 믿습니다. 우리는 기후 변화의 위협에 응전할 것입니다. 왜냐하면 그렇게 하지 못하면 우리의 아이들과 미래의 세대를 저버리는 것이 된다는 걸 알기 때문입니다. 몇몇 사람들은 여전히 과학의 절대적인 판단을 부인할 수도 있지만, 그러나 광폭한 화재와 격심한 가뭄의 파괴적인 효과와 더욱 강력한 폭풍을 피할 수 있는 사람은 아무도 없습니다.

지속 가능한 에너지원에 대한 노정은 멀고 종종 힘들 것입니다. 그러나 미국은 이러한 변천에 저항할 수 없습니다. 우리는 그것을 이끌어야 합니다. 우리는 다른 나라들에게 새로운 직업과 새로운 산업을 공급할 그 기술을 양보할 수 없으며, 우리는 그 밝은 전망을 주장해야 합니다. 그것이 우리의 경제의 활력과 - 우리의 산림 그리고 수로들, 우리의 경작지들, 그리고 눈 덮힌 산 정상과 같은 -

우리의 보물들을 유지할 방법입니다. 그것이 우리가 하느님으로부터 돌보도록 명령받은 우리의 지구를 보존할 방법입니다. 그것이 우리의 선조들이 예전에 선언하였던 신념에 대하여 의미를 부여하는 것일 겁니다.

우리는 영속적인 안전보장과 평화는 잦은 전쟁을 요구하지 않는다는 것을 여전히 믿습니다. 우리의 용감한 제복을 입은 남녀군인들은 전투의 화염 속에서 단련되어지면서 기술과 용맹에 있어서 견줄 상대가 없습니다. 우리가 잃었던 것들에 대한 기억이 각인되어서 우리 국민은 자유를 위하여 지불된 대가를 너무도 잘 알고 있습니다. 그들의 희생에 대한 우리의 지식은 우리에게 해를 끼치려 하는 그들에 대하여 우리가 언제까지나 방심치 않게 해줄 겁니다. 그러나 우리 또한 전쟁에서 승리뿐만 아니라 평화도 쟁취한 즉, 불구대천의 적을 가장 확실한 친구로 바꾼 그들의 계승자들입니다. 그리고 우리는 그러한 교훈들을 이 시대에도 지녀야 합니다.

우리는 무력의 힘과 법의 집행을 통하여 우리의 국민

을 방어하고 우리의 가치관을 떠받들 것입니다. 우리는 다른 나라들과 우리의 차이점을 평화적으로 행사하고 그리고 해결하기 위하여 용기를 보여 줄 겁니다. 그것은 우리가 처해 있는 위험에 대하여 우리가 순진해서가 아니고 약속이라는 것은 더 영속적으로 의심과 두려움을 걷어낼 수 있기 때문입니다.

미국은 지구상 구석구석마다 강한 동맹의 닻으로 남아 있을 겁니다. 그리고 우리는 해외의 위기를 다루기 위하여 우리의 역량을 확장할 기관들을 쇄신 할 것입니다. 왜냐하면 자기 자신의 강력한 국가보다는 세계의 평화에 더 큰 이해관계를 가지고 있는 나라는 없기 때문입니다. 우리는 아시아에서 아프리카까지 아메리카 대륙에서부터 중동까지 민주주의를 지원할 것입니다. 왜냐하면 우리의 관심과 양심이 자유를 갈망하는 그들을 대신하여 행동하도록 강요하기 때문입니다. 그리고 우리는 가난한 자들과 병든 자들과 소외된 자들과 편견의 희생자들에게 있어서 희망의 원천이 되어야 합니다. 단지 자선의 차원에서가 아니라 우리 시대의 평화가 우리의 공통된 신념이 설명하고 있는 그 원칙들-인내와 기회, 인간의 존엄성과 정의의 중단 없는 진보를 요구하고 있기 때문입니다.

우리는 동등하게 창조되었다고 하는 가장 확연한 진리들이 우리를 여전히 이끄는 별이라는 것을 우리는 오늘 선언합니다 ; 이것이 Seneca Falls와 Selma에서와 그리고 Stonewall을 통하여 우리의 선조들을 이끌었던 것과 똑같이 이끌었고 ; 우리는 홀로 걸을 수 없다는 설교자의 설교를 듣기 위해, 우리 개개인의 자유는 이 땅 위의 모든 영혼의 자유와 밀접하게 묶여있다고 공표하는 어느 왕의 말을 듣기 위하여 이 위대한 Mall을 따라서 발자국을 남겼던 이름이 알려진 또는 알려지지 않은 많은 남녀를 이것이 이끌었던 것과 똑같이.

그 선구자들이 시작했던 것을 이행하는 것은 우리 세대의 임무입니다. 왜냐하면 우리의 부인들이 우리의 어머니들이 우리의 딸들이 그들의 노력에 대한 똑같은 생활비를 벌 수 있을 때까지 우리의 여정은 끝나지 않기 때문입니다. 우리의 동성애자 형제자매들이 법에 의하여 다른 사람들처럼 대우를 받을 때까지 우리의 여정은 끝나지 않습니다. - 왜냐하면, 만일 우리가 동등하게 창조되었다면 우리가 서로 행하는 사랑도 역시 동등해야 하기 때문입니다. 어느 한 시민도 투표권을 행사하기 위하여 몇 시간을 기다리도록 강요받지 않을 때까지 우리의 여정은 끝나지 않습니다. 아직도 미국을 기회의 땅이라고 알고 애를 쓰면서 희망에 찬 이민자들을 우리가 반겨줄 수 있는 더 나은 방안을 찾기 전에는 우리의 여정은 끝나지 않습니다. - 똑똑한 젊은 학생들이 그리고 기술자들이 이 나라에서 쫓겨나기보다는 우리의 인력으로서 등록되기 전까지는 우리의 여정은 끝나지 않습니다. 디트로이트의 거리에서부터 아펠라치아 언덕까지 뉴톤의 한적한 거리까지 우리의 아이들이 그들은 돌보아지고 소중히 여겨지고 그리고 해악으로부터 안전하다고 알 때까지 우리의 여정은 끝나지 않습니다.

모든 미국인을 위하여 이러한 말이, 이러한 권리들이,

이러한 생명과 자유에 대한 가치가 그리고 행복에 대한 추구가 실현되도록 하는 것이 우리 세대의 임무입니다. 미국의 건국 문서들에 대하여 진실해 지는 것은 모든 삶의 형태에 대하여 동의할 것을 요구할 것을 요구하지는 않습니다. 이것은 우리가 정확히 똑같은 방식으로 자유를 정의하고 행복으로 가는 똑같은 정확한 길을 따라간다는 것을 의미하지는 않습니다. 진보라고 하는 것은 항상 정부의 역할에 대한 수 세기 동안의 논쟁을 그만둘 것을 강요하지는 않지만, 우리 시대에 걸맞게 행동할 것을 요구합니다.

이제 결정은 우리에게 달렸고 지체할 여유가 없습니다. 우리는 절대주의를 원칙과 혼동할 수 없고 또는 독특한 사고방식을 정략과 대체할 수 없으며 중상모략을 논쟁이라고 대우할 수는 없습니다. 우리는 우리의 일이 불완전 할 것이라고 알면서 행동해야 합니다. 우리는 오늘의 승리가 오직 부분적이며 그리고 그것은 4년 뒤에, 40년 뒤에 그리고 400년 뒤에 이 자리에 서게 될 사람들에게까지 다다를 것이고 그리하여 예전에 필라델피아 홀의 어떤 방에서 우리에게 수여되었던 시간을 초월한 정신으로 나아갈 것을 알고 행동해야 합니다.

나의 친애하는 미국 국민 여러분, 이 국회의사당에서 봉직하는 다른 사람들에 의하여 암송되었던 것과 같이 오늘 여러분들 앞에서 맹세한 선서는 정당이나 파벌에게 한 것이 아니고 하느님과 국가에게 한 것입니다. 그리고 우리는 우리의 봉사 기간 동안 그 서약을 충실히 이행하여야 합니다. 그러나 오늘 내가 말한 그 선서는 한 병사가 군 입대 때 또는 한 이민자가 그녀의 꿈을 실현시킬 때 행해졌던 그 선서와 크게 다르지 않습니다. 나의 선서는 위에 나부끼는 성조기에 우리가 하는 그리고 우리의 마음을 자긍심으로 채우는 그 선서와 다르지 않습니다.

그들은 시민의 선서이고 그들은 우리의 위대한 희망을 나타냅니다. 같은 시민으로서 여러분들과 나는 이 나라의 나아갈 길을 설정할 권한을 가지고 있습니다. 같은 시민으로서 여러분과 나는 우리가 행사하는 투표권뿐만 아니라 우리의 오랜 가치관과 영속적인 이상의 수호에 있어서 우리가 드높이는 목소리를 가지고 우리 시대의 토론을 형성할 의무를 가지고 있습니다.

우리 모두 우리의 영속적인 생득권인 엄숙한 의무와 훌륭한 기쁨을 가지고 포용합시다. 공동의 노력과 공동의 목표를 가지고 열정과 헌신으로 역사의 부름에 응답하고 자유의 소중한 빛인 미지의 미래로 나아갑시다.

감사합니다.

신이시여 이 사람들과 이 미합중국을 영원토록 축복하소서.

남아프리카공화국 넬슨 만델라 대통령 취임사

(1994년 5월 10일)

1994년 5월 10일 수도 프리토리아에서 대통령 취임 선서를 하는 넬슨 만델라. 만델라는 아파르트헤이트에 맞서 싸우다 1962년 수감돼 1990년 석방되기까지 28년이나 감옥에 갇혀서도 불굴의 투쟁을 이어왔다. 만델라는 취임 연설에서 벅찬 기쁨을 함께 나누며 통합과 화해의 메시지를 전했다.

1994년 5월10일 세계의 이목이 남아프리카공화국에 집중됐다. 76살의 노전사 넬슨 만델라(1918~2013년)가 이 나라 최초의 흑인 대통령으로 취임 선서를 했다. 백인 지배 집단의 권력과 부의 독점을 수십년 지탱해 온 '아파르트헤이트(흑백 인종차별) 정책'의 종말, 나아가 모든 인간의 평등과 존엄에 기초한 새로운 국가의 탄생을 선포하는 역사적 순간이었다. 1993년 인종주의 철폐와 평화적 통합에 기여한 공로로 백인 정부의 프레데리크 데클레르크 대통령과 공동으로 노벨평화상을 받았다. 만델라가 대통령이 되자 정부에서 월급을 받던 모든 백인은 보복을 피하기 위해 해외 망명을 준비하기 시작했다. 그러나 만델라는 '진실과 화해 위원회'를 구성해 과거의 인권 침해 범죄에 대한 진실을 낱낱이 밝혔지만, 그들을 전부 사면했다. "**용서는 하되 잊지는 않는다.**"라는 슬로건 아래 과거사와 관련하여 단 한 명도 처벌하지 않았고, 오히려 당시 남아공의 위기를 함께 해결해야 한다고 강조했다. 덕분에 당시 많은 남아공 백인이 남아서 그들의 사회, 경제적 영향력까지 흡수할 수 있었다. 만델라가 사망하였을 때도 일각의 우려와 달리 큰 변화는 없었다.

> ⟨넬슨 만델라 대통령 취임사 전문⟩
> 제목 : 우리 모두를 위한 평화가 있게 하소서

존경하는 신사, 숙녀와 동지 그리고 친구 여러분.

오늘 우리는 이 자리에서 우리나라와 전 세계의 보다 나은 발전을 축하하고 새로운 자유 국가 탄생에 대한 영광과 희망을 주기 위해 모였습니다.

저는 오랫동안 이어져 왔던 인류의 끔찍한 고통과 경험을 통해 모든 인류가 자랑스러워할 수 있는 사회가 필요하다는 것을 깨달았습니다.

남아프리카공화국의 국민으로서 하루 일과를 통해 우리는 반드시 정의 안에서 인권 존중에 대한 생각을 복원해야 되고, 고귀한 인간의 영혼 안에서 자부심을 길러야 하며 우리 모두의 영광스러운 삶을 위해 우리의 희망은 지속돼야 할 것입니다.

이 자리에서 이 광경을 보고 계시는 전 세계의 모든 분과 이 자리에 참석하신 모든 분께 다시 한번 감사를 드립니다.

또한 저는 우리 동포 모두에게 프리토리아의 자카란다 나무와 총림 지대의 함수초로 유명한 우리나라의 절친한 국민이 되셨다는 것을 주저 없이 말하겠습니다.

우리 국민 중 하나가 조국의 흙을 만지고 느낄 때마다 우리는 한 국민의 새로운 시작을 느낄 것입니다. 국가의 분위기는 계절의 변화처럼 바뀌어야 합니다.

우리는 잔디들이 푸르러지고 꽃이 피는 이때 기쁨과 흥분에 겨워 살아갑니다. 그리고 그 기쁨과 흥분은 참혹한 마찰로 인해 갈라져 버린 조국, 인종차별과 그 외 유해한 여러 가지 이론 때문에 버려지고 법에 방치되어 소외된 사람들과 공존해 왔던 우리를 설명해 줍니다.

남아프리카공화국의 국민은 얼마 전 박탈당했던 우리의 인간 존엄성이 오늘날 우리의 가슴속 깊은 곳에 우리가 조국의 주인이라는 사실을 깨닫게 해준 것에 대해 만족스러워 할 것입니다.

저희는 하나의 일반적인 정의, 평화와 인간 존엄성의 승리 자리에 우리 국민과 같이 해주신 전 세계에서 오신 모든 고명한 인사께 경의를 표합니다.

저희는 이 광경을 지켜보고 계시는 모든 분이 계속 우리나라의 평화, 번영, 반 성적 차별, 반 인종차별 그리고 민주주의 정착을 도와주시리라 믿고 있습니다.

저희는 국민과 민주정당, 종교, 여자, 어린아이들, 사업, 전통과 다른 리더들이 하나로 뭉쳐 이 같은 결론을 내려주게 한 것에 대해 깊은 감사를 보냅니다. 그들 중 한명인 존경스러운 부통령 프레데릭 빌렘 드 클레르크(F.W de Klerk)에게도 깊은 감사를 보냅니다.

또 저희는 빛으로 들어오길 거부하는 피에 굶주린 집단으로부터 우리나라의 첫 번째 민주적인 투표와 민주주의 국가의 전환 과정을 지키기 위해 힘써준 모든 방위군에게 깊은 감사를 보냅니다.

우리 모두의 상처를 치료할 수 있는 시간이 왔습니다. 우리를 갈라놓은 공간들을 채울 다리를 놓을 시간이 왔습니다. 새 시작을 할 시간이 우리에게 왔습니다. 저희는 마침내 법적인 평등을 이룩했습니다.

저희는 모든 사람이 가난, 탈취, 고통, 성적 차별로부터 해방될 수 있도록 노력하겠습니다.

저희는 평화 속에서 자유를 위한 마지막 발걸음을 내디뎠습니다. 저희는 지속적인 평화 정착과 모든 것의 마지막 완성을 약속드립니다.

저희는 수백만 명의 가슴 속에 희망을 불어넣는 데 성공하였습니다. 우리는 백인과 흑인을 포함한 모든 남아프리카공화국 사람이 가슴 속에 두려움 없이 당당히 걸을 수 있고 결코 남에게 줄 수 없는 인간의 존엄성을 보장받는 나라, 본국 안에서 그리고 전 세계와 평화롭게 지내는 장밋빛 나라를 만들겠다는 다짐 앞에 섰습니다.

우리나라 새 출발의 징후로서 새로운 조국의 정치 연합은 지금 감옥에서 여러 가지 사유로 구금되어 있는 많은 사람에게 사면령을 내려드리겠습니다.

저희는 모든 영웅과 우리의 자유를 위해 희생해 주신

다른 나라의 많은 사람에게 이날을 바칩니다. 그들의 꿈은 마침내 실현되었습니다.

자유는 그들의 노력의 대가입니다. 미약하기도 유능하기도 한 국민이 어둠의 계곡에서 빠져나갈 민주적, 반인종차별, 반 남녀 차별의 국가 남아프리카공화국의 연합 대통령을 선출했습니다.

그러나 우리는 자유의 길이 결코 쉽지 않다는 것을 알고 있습니다. 우리는 협동하지 않고서는 성공하기 어렵다는 것을 알고 있습니다. 그러므로 우리는 조국의 조화, 재건과 새로운 세계의 협동을 위해 반드시 협력해야 합니다.

우리 모두를 위한 정의가 있게 하소서.

우리 모두를 위한 평화가 있게 하소서.

우리 모두를 위한 일, 양식, 물 그리고 소금이 있게 하소서.

우리 모두가 우리 각자의 육체와 영혼이 이미 자유로워졌다는 사실을 깨닫게 하소서.

이제 우리가 다시는 한 사람이 다른 사람을 억압하고

모욕하는 일이 없게 하소서.

    자유여 영원하라.

    인류의 영광스러운 업적 위에 태양은 영원히 지지 않으리!

쉽게 씌여진 시

윤동주

창밖에 밤비가 속살거려
육첩방은 남의 나라.

시인이란 슬픈 천명인 줄 알면서도
한 줄 시 적어 볼까.

땀내와 사랑내 포근히 품긴
보내주신 학비 봉투 받아

대학 노트를 끼고
늙은 교수의 강의 들으러 간다.

생각해 보면 어린 때 동무를
한, 둘, 죄다 잃어버리고

나는 무얼 바라
나는 다만, 홀로 침전하는 것일까?

인생은 살기 어렵다는데
시가 이렇게 쉽게 씌여지는 것은
부끄러운 일이다.

육첩방은 남의 나라.
창밖에 밤비가 속살거리는데.

등불을 밝혀 어둠을 조금 내몰고.
시대처럼 올 아침을 기다리는 최후의 나

나는 나에게 작은 손을 내밀며
눈물과 위안으로 잡는 최초의 악수.

- 1942년 6월 3일

윤동주

memo

memo

memo

memo